픽미
나를 선택하게 하는
비밀습관

† 일러두기

저자의 말맛을 살리기 위해 구어체 또는 통용되는 외국어 발음 표기를 일부 사용하였습니다.

픽미
Pick me
나를 선택하게 하는
비밀습관

김범준 지음

형역출판사

차례

프롤로그 / "Why Me?" 나를 선택해야 하는 이유 • 8

1. Me, good person!

01 / 클릭을 부르는 제목 • 16
당신이 1인 유튜브 동영상의 제목을 짓는다면?

02 / 자기소개 잘하는 팁 • 24
잘난 맛에 하는 '자기 PR'의 시대는 갔다

03 / 3초 법칙과의 이별 • 31
여름엔 미니 선풍기 대신 괜찮은 부채 하나가 답이다

04 / 칭찬레터 받는 고객님 • 39
'잘 파는 나'만큼 중요한 '잘 사는 나'

05 / 첫인사에 달려 있다 • 47
"수지맞으세요"라고 말하는 '강수지의 인사법'에서 배운다

06 / 돈 버는 태도의 비밀 • 56
샤라포바는 어떻게 11년 연속 최고 소득의 여자 선수가 되었을까?

2. *Me, good appearance!*

---

07 / 앞치마 법칙 • 64
잘되는 식당은 앞치마부터 다르다

**08 / 프레젠테이션을 할 때
불을 끄면 안 되는 이유** • 71
알릴 수 있을 때 악착같이 알린다

09 / 셔츠 색 하나 바꿨을 뿐인데 • 77
당신의 인생 컬러는 무엇입니까?

10 / 하루에 1억 버는 사나이의 배 • 83
호날두의 집들이엔 절대 가지 말라

11 / 향기가 판단에 미치는 영향 • 90
중요한 날은 향과 오감으로 승부하라

12 / "서점에서 나는 좋은 냄새 뭐지?" • 95
교보문고에서 품절된 것은 책뿐만이 아니었다

3. Me, good SNS & story!

13 / 발품 아닌 손품 시대 • 102
글스타그램을 아는가? 권혁정을 아는가?

14 / SNS라는 최강의 브랜딩 도구 • 109
내 집 꾸미듯 SNS에도 인테리어는 필요하다

15 / 초단기 취업특강! • 117
스튜어디스와 강철체력의 상관관계를 모른 상태에선
면접장에 들어가지 말라

16 / 간결하게 말하는 연습 • 125
구구절절 늘어놓으면 지루할 뿐이다

17 / 수식어 전쟁 • 130
한번 일등급은 끝까지 일등급이다

4. Me, good attitude!

**18 / '유리멘탈'인 당신이
김연아를 공부해야 하는 이유** • 138
김연아가 가장 먼저 앞장서는 이유는 무엇이었을까?

19 / 불러줄 때 답할 것 • 144
'노말법칙'(물어보면 노라고 말하지 않는 것)을 기억하라

20 / **프로페셔널의 조건** • 149
  콘텐츠만 좋으면 된다는 생각부터 버려라

21 / **기본예의를 우습게 여기지 말 것** • 155
  큰 회사의 룰을 배워 놓으면 인생에서 손해 보지 않는다

22 / **그 어렵다는 자영업, 성공의 비밀** • 161
  내 공간을 특별하게 만드는 건 나 자신이다

5. *Me, good difference!*

23 / **내 명함에서 회사를 지운다면** • 172
  남이 만들어 준 명함은 진짜 명함이 아니다

24 / **자뻑을 현실로 만드는 법** • 179
  '하늘은 스스로 돕는 자를 돕는다'는 진짜다

25 / **픽사의 스토리텔링 22법칙** • 185
  세상에 나의 이야기를 들려줄 비법은 무엇인가?

26 / **'나브랜드' 매니지먼트** • 194
  내가 가장 좋아하는 것을 돈으로 연결시키려면

27 / **언더독의 힘** • 200
  세상을 내 편으로 만드는 단 하나의 비밀

에필로그 / "영미!" 이젠 "Good Me!" • 206

프롤로그

"Why Me?"
나를
선택해야 하는 이유

#소금뿌리는팔뚝이미지하나로뉴욕에진출한남자
#친절하고겸허한리더로인정받고싶으면일단커피부터쏠을것
#선택의주체는세상이아니라나야나야나야

1.

'소금 연인'.

터키 이스탄불에서 레스토랑을 운영하는 요리사 '누르셋 고체'의 별명이다. 그는 유명인사다. 고기에 소금을 뿌리는 그의 모습이 담긴 유튜브 영상 덕분이었다. 고기를 그릴에 굽다가 소금을 뿌릴 순간이 되면 그는 오른팔을 든다.

오른팔 모양을 마치 학의 모습처럼 꼰다. 그리곤 고기를 향해 조심스럽게 소금을 던진다. 그가 던진(!) 소금은 그의 팔뚝을 한 번 튕겨 고기 위로 흩날리듯 쌓인다.

웃음이 나오는, 하지만 '유니크'하기 이를 데 없는 이 장면 하나로 그는 스타덤에 올랐다. 사람들은 그를 '픽Pick'하기 시작했다. 유명해졌고, 돈을 벌었다. 세계 각지의 TV쇼에 출연했으며 자신이 운영하는 레스토랑의 체인점을 런던과 뉴욕 등에 확장할 수 있게 되었다. 그는 말했다. "앞으로 나에게 몰려들 새로운 기회를 기대하고 있다."

2.

2018년 6월, '마르크 뤼터' 네덜란드 총리는 공공기관의 청사를 방문 중에 보안 게이트를 지나다가 손에 들고 있던 컵을 떨어뜨렸다. 그는 곁에 있던 청소부로부터 대걸레를 넘겨받았다. 그리곤 자신이 쏟은 커피를 닦았다. 대걸레로 잘 닦이지 않자 손걸레를 가져와 훔쳤다. 주위의 청소부들이 박수를 치고 환호했다.

이 영상이 유튜브 등을 통해 퍼졌다. 결과는? 그렇다. 네

덜란드 총리는 순식간에 '겸허하고 친절한 리더십을 발휘한 리더'로 칭송을 받았다. 리더가 보여줘야 할 에티켓의 상징과 같은 사람이 되어버렸다. 단, 몇 분 만에.

3.

나를 알리는 것은 큰돈을 써서 광고를 하는 게 다가 아니다. 죽어라고 일만 하는 것도 아니다. 그보다는 일상에서 소소하게 실천할 수 있는 것 하나가 나를 선택하게 만든다. 고기에 소금 뿌리기, 흘린 커피 대걸레로 닦기 등이 그것을 증명한다.

당신이 낸 리포트가 교수님으로부터 외면받는다면, 당신이 만든 음식을 손님들이 찾지 않는다면, 당신이 윗사람으로부터 인정받지 못한다면. 그런 안타까운 일은 없어야겠다. 세상의 '픽'으로부터 소외되지 않기 위해서라도 이제 나를 알리는 방법을 알고 또 실행할 수 있어야 한다.

면접이나 이직의 장면은 물론이고 기획 제안의 통과, 사랑하는 사람과 연애하는 일, 모임에서 호감을 사는 일, 심지어 인스타그램에서 좋아요 받는 일까지도 인생의 모든 순간에 선택 잘 받는 법에 관한 확실한 팁 몇 개 정도는 알고 있는 게 자기 자신을 위한 기본적인 배려다.

그건 그리 큰 것들이 아니다. 모두 작고 소소한 것들이다. 우리가 충분히 해볼 만한.

4.

이 책은 세상이 내 콘텐츠를 자연스럽게 원하게 만드는 '나를 브랜딩하는 이야기'들을 찾아내고자 했다.

'나브랜드'는 '나의 이름을 들은 상대방의 머리에 떠오르는 나의 이미지'다. '세상이 나를 뭐라고 부르는가?'의 문제다. 명함에 회사 이름이 없어도, 나의 이름 세 글자만으로도 세상이 나를 선택하게 만드는 전략이다. 청바지에 일부러 작은 구멍이라도 내서 뭔가 자유로운 영혼을 표현하고 싶은 사람을 위한 것이다. 내가 무슨 말을 하는지, 내가 무슨 옷을 입는지, 내가 어떤 표정을 짓는지가 얼마나 중요한지 아는 혹은 알고 싶은 사람을 위한 것이다.

정확하고 세련된 방식으로 '나'를 표현하고 존재감을 돋보일 수 있는 '나브랜딩' 방법을 소개했다.

5.

최근 지자체장 한 분이 '옥탑방' 생활을 했다.

그는 옥탑방 생활 하나로 '일 잘하는 지자체장'에서 '이슈의 중심에 서는 상징으로서의 지자체장'으로 사람들의 기억에 떠오르게 되었다. 다소 밋밋했던 그의 이미지는 보다 선명해졌으며 좀 더 큰 정치적 무대로 옮겨갈 수 있는 기회를 스스로 만들어냈다. '가만히 있는 정치인보다는 일을 내는 정치인이 결국 오래간다'는 말이 있다. 그는 남이 뚫어놓은 고속도로를 달리는 게 아니라 새로운 정글을 뚫고 길을 만들어내는 선택을 했고 일정 수준 성공했다. 그도 미래의 '픽미'를 위해 현재 자신의 '나브랜드'를 갈고닦는 중이다.

이 책을 통해 당신이 자신의 원본 그대로를 표현하면서도, 자신의 가치를 있는 그대로, 아니 그 이상으로 인정받는 기회를 만들기 바란다. 거창하지 않아도 좋다. 백 명이 나를 아는 것보다 열 명으로부터 사랑받는 게 나으니 말이다. 내가 필요한 사람들에게 사랑받는 사람이 되는 것, 최소한 이 정도를 목표로 했다.

6.

자신이 무엇을 원하는지 결정했는가? 이제 자신의 매력을 아낌없이 드러내는 '나'라는 브랜드로 세상의 기회들을 당신의 것으로 만들 차례다.

당신이 생각한 대로, 당신이 원하는 대로. 기쁜 마음으로.

김범준

Me, good person!

1

01

/

클릭을 부르는
제목

당신이 1인 유튜브 동영상의
제목을 짓는다면?

#혹하게만드는힘
#유튜브로백억버는사람들의비밀
#내이름에날개를다는법

동영상 플랫폼 '유튜브'의 영향력은 하루가 다르게 커지고 있다. 사람과 기업이 이곳에 모여들고, 초등학생, 중학생들에겐 유튜브 채널에서 인기 진행자로 활동하는 사람이 대통령보다 더 관심 있는 사람이다.

어른의 입장에서 봤을 땐 이상한 몸짓과 기상천외한 도전을 하고, 벌레를 억지로 먹으면서 괴로워하는 자신을 촬영하는 신기한 사람들이다. 하지만 알고 보면 이미 그들은 '하나의 기업'으로 성장했다.

수십 명의 직원을 두고 회사를 운영하며 한 달에 회사원 몇 명의 연봉을 우습게 벌어들인다. 이들을 어떻게 볼 것인가. 그들의 수입에 배 아파하다 끝날 것인가. 아니다. 배워야 한다. 특히 '나브랜드'에 관심을 지녔다면 말이다.

그들은 '나브랜드'를 알릴 줄 아는 '프로페셔널 마케터'다. 무엇을 보여줘야 하며, 어떻게 표현해야 하는지를 잘 알고 있다. 특히 그들은 '클라이언트'의 개념을 잘 알고 있다. 오로지 자기 세계에 빠져 있는 것 같지만 실상은 타인의 세계에 대한 민감도가 높은, 매우 지적인 사람들이다.

어떤 타겟을 대상으로 자신을 표현해야 하는지에 대해

누구보다도 고민을 한다. 그들은 미래에 펼쳐질 '나브랜드' 경쟁에서 앞서 나가는 선구자다.

'나브랜드'를 고민하는 우리는 이제 그들을 보며 배워야 한다. "그들은 과연 어떻게 자신을 알리고 또 선택을 이끌어냈는가?"

몇 가지만 살펴보자.

우선 그들은 제목에 목숨을 걸었다. 제목은 자신이 업로드한 방송이 타인에게 노출되도록 만드는 직접적 도구다. 그들의 제목은 한결같이 '핫Hot'하다.

당신이 '딸기가 먹고 싶어서 딸기 뷔페에 갔습니다'라는 제목의 썸네일Thumbnail 미리보기 화면을 유튜브에서 봤다고 해보자. 클릭하고 싶은가? 아닐 것이다. 평범한 제목으로는 관심을 끌 수 없다.

나라는 사람을 브랜딩하려는 우리들이라면 위의 제목을 어떻게 고쳐야 할까. 잠시 생각해보라. 그리고 이제 아래의 문항 중에서 골라보라.

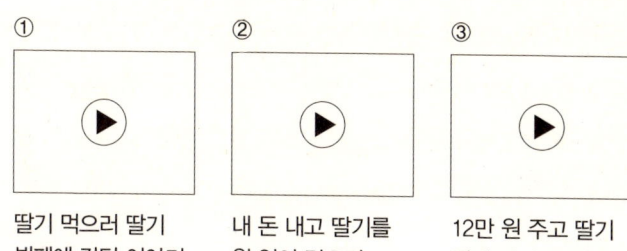

① 딸기 먹으러 딸기 뷔페에 갔던 이야기

② 내 돈 내고 딸기를 원 없이 먹으러 다녀온 경험담

③ 12만 원 주고 딸기 뷔페 가서 쫓겨날 때까지 먹고 오기!!! - 공대생 변승주

정답, 아니 '나브랜드'를 형성하는 데 어울리는 항목은 ③번이다. 자, 이제 왜 ③번이 정답이 되어야 하는지 이유를 알아보자.

2018년 8월 기준 '딸기'를 유튜브에서 검색하면 최상위로 나오는 동영상의 제목이 바로 ③번의 제목, 즉 '12만 원 주고 딸기뷔페 가서 쫓겨날 때까지 먹고 오기!!! - 공대생 변승주'이다. 이 동영상의 조회수는 해당 날짜 기준으로 2,725,262회이다. 272만 회!

'도대체 이게 무슨 의미가 있는 동영상이라고 270만 회가 넘도록 보고 있는 걸까. 한심한 사람들이다'라고 생각했다면 당신은 '나브랜드'를 키워나가는 '워딩Wording 단어 선택'

에 대한 꾸준한 학습이 필요한 사람이다.

  유치하더라도, 우습더라도, 클릭이라는 노력을 들이며 어마어마한 사람들이 그 동영상을 선택했다는 사실 자체를 인정해야 한다. 게다가 그 동영상이 아무것도 아닌 내용이었다면 오히려 뭔가 더 배울 것이 있음을 기억해야 한다.

  '딸기'라는 키워드로 유튜브에서 검색했을 때 위의 동영상 다음으로 많은 조회수를 기록한 것은 어떤 제목이었을까? 총 90만 회의 조회수를 기록한 '얼굴만 한 자이언트 딸기는 일반 딸기보다 씨가 몇 개나 많을까?! - 허팝'이라는 제목을 갖고 있는 게시물이었다.

  이 제목에 대해선 어떻게 생각하는가? 우스운가. 우스운 그들은 이미 이런 동영상을 올려대면서 연간 몇천만 원 아니 수억 원의 수입을 얻어내고 있다.

  '어그로'라는 말이 있다. '게임에서 많은 데미지나 공격을 버틸 수 있는 개체의 행위'가 원뜻이라면 우리에겐 오히려 파생적인 뜻, 즉 '이목을 집중시키는 사람의 행위'라는 것이 더 친숙하다.

  유튜브의 제목은 일종의 '어그로'를 응용하고 있는 경우가 많다. 그러니 '말 같지도 않은 말'을 사용한 제목이라고, 게다가 그 내용이 실없는 시간 때우기용 동영상 같다 하더라도 우습게 여기면 곤란하다. 그 게시물은 전략적으로 만들어진 영상물이며, 그 영상물의 제목은 고도로 계획된 정교한 타이틀임을 인식할 수 있어야 한다.

'나브랜드'는 결국 나를, 나의 행동을 세상에 알리는 제목과 같은 개념임을 기억하자. 누군가의 마음을 한 번에 끌어들일 수 있으려면 우리에겐 일단 '세상의 수많은 제목들'을 공부하는 노력이 필요하다.

인기 유튜버들의 게시물 제목에서 놓쳐서는 안 될 부분이 하나 더 있다. 제목 말미에 붙여진 '공대생 변승주' 그리고 '허팝' 등 동영상 채널 주인의 이름에 관한 것이다.

그들은 자신의 이름을 '악착같이 그리고 집요하게' 노출시킨다. 동영상 제목 밑에 업로더의 이름이 적혀져 있음에도 불구하고 굳이 제목 그 자체에도 꼭 자신의 이름을 삽입하려는 것은 무엇을 의미하는지 알겠는가. 자신을 브랜드화하기 위한 처절한 몸부림이다.

그들은 자유로운 모습을 보여주는 것 같지만 실제로는 자유와는 담을 쌓은 사람들이다. 느낌 가는 대로 하는 것 같지만 실제로는 이성적으로 행동하는 사람들이다. 그 어디에서도 고개를 숙이지 않는 듯하나 실제로는 유튜브를 보는 수많은 사람들에게 깊이 고개를 숙이고 있는 사람들이다.

이유는 단 하나, '나브랜드'의 확장을 위해서다. 그것 하나를 위해 처절한 노력을 아끼지 않는다.

재미있는 유튜브 게시물의 제목들을 유심히 지켜보도록 하자. 자신이 자주 클릭하는 동영상 제목들의 특성을 하나하나 적어보고 살펴본다면 자신의 성향을 간접적으로 확인할 수 있는 것은 물론 직접 제목을 짓는 스킬에도 도움을 얻을 수 있다.

유명한 유튜브 동영상의 제목들이 공통점으로 갖고 있는 요소들, 예를 들어 간결성, 자극성, 반복성 등을 확인해보는 것도 괜찮은 일이다. 일반적인 글쓰기 문법과도 다름을 확인하는 것도 좋다. 긍정적인 문장이 선호되는 일반적인 글쓰기와 달리 부정적인 문장이 클릭을 불러오는 것('죽기 전에 해봐야 할 것들'보다는 '죽기 전에 하지 않으면 절대 안

되는 것들'이라고 하는 것이 더 자극적이다)도 눈여겨보자.

 '사람이 도구를 만들었지만 그 도구가 사람을 다시 만든다'는 한 미디어 학자의 말처럼, 도구로부터 소외된 '나브랜드'가 아닌 세상을 움직이는 플랫폼을 적극적으로 활용할 줄 아는 '나브랜드'를 꿈꿔보도록 하자. 일단 유튜브 인기 게시물들의 제목부터 공부해보면서.

Q 지금 당장,

유튜브에서 '12만 원 주고 딸기뷔페 가서 쫓겨날 때까지 먹고 오기!!!! – 공대생 변승주' 동영상을 검색한 후에 지금 당장 볼 것. 그리고 왜 이 동영상에 사람들이 열광하는지 생각해볼 것.

Me, good person!

02

/

자기소개 잘하는 팁

잘난 맛에 하는
'자기 PR'의 시대는 갔다

#저는당신에게도움을주는사람입니다
#자랑따윈집어치우고도움부터
#김정은도자기어필에목매는시대

누군가를 처음 만났다면 어떻게 자신을 소개할 것인가. 여러 방법이 있을 수 있겠지만, 결론부터 말하자면, 당신의 자기소개에 이런 의미가 표현되거나 내포되어 있으면 좋겠다.

'HELPING YOU'

상대방이 당신으로부터 얻을 것이 무엇인지를 인사 속에 포함시키는 게 좋다. 나의 사례를 들어보도록 한다. 언젠가 여섯 개 팀이 소속된 부서의 모든 직원이 모여 서로를 소개하는 자리가 있었다. 대부분 자기 자신을 이렇게 소개했다.

"처음 뵙겠습니다. 저는 ○○팀 홍길동입니다. 저는 ×××업종을 맡고 있습니다. 앞으로도 선후배님, 그리고 동료들과 함께 성과를 만들어내도록 하겠습니다. 감사합니다."

이런 이야기가 열 명, 스무 명 계속된다고 생각해보라. 그렇다. 지루하다. '이 많은 사람들 소개 한 번씩만 들어도 한 시간 훌쩍 지나가겠네?'라며 심드렁한 표정을 짓는 사람도 보인다. 듣는 사람 입장에선 흥미를 가질 만한 어떤 이유도 찾을 수 없기 때문이다.

자기소개를 왜 하는가. 관계를 맺고 싶어서다. 관계는 누구를 대상으로 하는가. 그렇다. 상대방이다. 그렇다면 상대방에게 어떤 '베네핏Benefit 이득'을 알려줄 것인가에 총력전을 펼쳐야 한다.

상대방이 얻을 수 있는 베네핏을 말하지 못하는 자기소개는 의미 없다. '나브랜드'를 고민하는 당신이라면 당신이 어떤 사람인지만 강조하려 하지 말고, 당신의 흥미나 능력만 자랑하려 하지 말고, '나는 당신에게 어떤 도움을 줄 수 있는 사람입니다'를 얘기해야 한다.

나는 이렇게 말했다.

"저는 복잡하다고 소문난, 하지만 우리의 성과를 위해선 반드시 알아야 할 ○○상품에 대해서는 상품개발부서에 있는 친구들보다 더 잘 안다고 자부하는 사람입니다. 어? 웃으시는데 믿으시는 게 좋을걸요? 일하시다가 ○○상품에 대해 잘 모르시면, ○○상품에 대해 프로세스가 막힌다면,

어떻게 해야 할까요? 그렇죠. 그냥 저에게 말하세요. 참, 저는 김범준입니다. 제 이름 기억해두셔야 할 겁니다."

물론 부작용은 있었다. 그 이후로 ○○상품에 대해 궁금하거나 답답한 분들이 나를 자꾸 찾아오게 되었으니까. 하지만 그 과정에서 맺게 되는 인간관계의 양과 질은 단순히 피상적으로 인사나 하고 지내던 예전과 차별화된 것만큼은 확실하다.

하나 더, ○○상품에 대한 나의 전문성은 더 깊고 높아져만 갔다는 것도 말씀드리고 싶다. 인간관계의 성장은 물론 나의 지식과 지혜도 발전하게 된 것이다.

내 능력이 남보다 우월하다고 '생각만' 하고 있어봐야 아무도 알아주지 않는다. 상대방에게 이득이 될 만한 가치를 적극적으로 '얘기할' 수 있어야 '나브랜드'는 확장력을 갖는다.

당신이 나와 같은 직장인이라면 회사에서 누군가와 차별화되는 능력 하나 정도는 갖고 있을 텐데, 중요한 건 그것이 어떻게 상대에게 긍정적으로 작동할 수 있는지 말할 수 있어야 한다는 점이다.

한 방송사의 프로그램에 동방신기 멤버 유노윤호가 출연했다. 그는 말하는 과정에서 "요즘은 자기 어필시대인 만큼 나를 알리는 것이 중요하다고 생각한다"고 했고 이에 프로그램의 MC인 유재석은 "자기 PR시대는 들어봤어도 자기 어필시대는 처음 들어본다"고 반응하면서 사람들을 폭소케 했다.

많은 사람들이 폭소를 보였지만 나 개인적으로는 유노윤호의 말이 그리 왜곡된 단어라고 생각하지 않는다. 두 단어를 비교해 살펴보면

PR Public Relation   널리 알리다
Appeal   (누군가의)흥미를 끌다
                        (누구에게)호소하다, 간청하다

란 의미로, '어필'은 상대와의 소통을 바탕에 두고 있는 점을 알 수 있다. 잊기 쉽지만, 자기소개 역시 대화다. 듣는 이를 생각하지 않고 자기 얘기만 늘어놓는 대화만큼 따분한 것은 없다. 그러니 자신의 장점을 일방적으로 알리는 자기 PR이 아닌, 상대방이 나의 장점에 대해 관심을 갖고 기

뼈하도록 알리고 감사하고 노력하는 자기 어필로의 '태세 전환'은 연예계라는 치열한 경쟁사회에서 누구보다 고민하고 잘 준비한 것에서 나온 말이라고 생각한다.

한 국가를 좌우지하고 있는 독재자 — '이제 독재자라고 부르면 안 되갔구나!' — 김정은도 마찬가지였다. 2018년 남측 지역에서 열린 남북정상회담을 지켜봤다면 인상 깊은 장면이 있을 것이다. 속칭 '도보다리'에서 남북 정상 간의 대화 장면은 특히 압권이었다. 그중에서도 나는 특히 김정은의 매너에 감탄했다. 도보다리 끝에 놓인 탁자 위에는 재떨이가 놓여 있었다. 소문난 '골초'였던 그는 아침부터 이어지는 정상회담으로 흡연 욕구가 최고치에 이르렀을 것이 분명함에도 재떨이에 덮인 뚜껑에 손조차 대지 않았다.

참고로 김정은의 나이는 서른다섯 살이라고 한다. 이를 마주하는 우리나라의 대통령은 회갑을 넘은 나이다. 한참 어른인 대한민국 대통령 앞에서 흡연 욕구까지 자제하며 세련된 매너로 상대에게 '어필'하려는 그 모습이 괜찮아 보였다.

앞에 있는 상대방을 생각하면서 나름대로의 매너와 유

머 섞인 화술, 그리고 적절한 웃음을 섞으며 북한의 '인민'들에게, 대한민국의 '국민'들에게, 그리고 세상 모든 사람들에게 '어필'하려는 노력을 아끼지 않는 모습이 나쁘지 않았다. 김정은도 어필에 집중하는데 평범한 나, 그리고 당신이라면 더욱 열심히 해야 하지 않겠는가.

Q 지금 당장,

관계를 맺고 싶은 사람 하나를 떠올려보자. 그 사람에게 어떤 도움을 줄 수 있는가?

03

3초 법칙과의 이별

여름엔 미니 선풍기 대신
괜찮은 부채 하나가 답이다

#부채하나로부처같은이미지만들기
#배꼽인사대신배꼽악수
#3초는너무길어서2초

오래 전의 일이다. 신입사원 때 직장 선배 한 분이 다른 부서와의 전략회의에 나를 참석시켰다. 회의시간이 되어 각자 가볍게 소개를 하는데 내 차례에 선배가 끼어들어서 대신(?) 소개를 해줬다.

"김범준, 신입사원인데 만능 레포츠맨이에요. 재밌는 친구죠." 그리곤 활짝 웃는다.

나, 다른 사람들의 흥미롭다는 눈길이 기분 나빴다. 내가 왜 '만능 레포츠맨'이라는 소리를 들어야 하지?

알고 보니 내가 일과시간 중에 선배들에게 나의 취미생활을 말했던 것이 문제였다. 스노보드를 겨울에 즐겨한 이야기, 사회인 야구대회에 나간 얘기, 군대에서 대대 대표로 축구선수를 한 것 등을 모두 재미삼아 말했는데 이를 듣는 사람들은 '능력 있는 신입사원', '부서에 도움이 되어줄 신입사원' 등으로 생각하는 대신 '재밌는 친구', '웃기는 친구', '회사생활보다는 외부에서의 레포츠에 관심 있는 친구' 등으로 나를 규정해버린 거였다.

그때 나의 브랜드는 '회사보다는 레포츠에 관심이 많은 신입사원'이었던 거다.

'나브랜드'는 나의 말과 행동에 의해 결정된다. 그것도 대단한 연설이나 엄청난 몸짓으로 정해지지 않는다. 그보다는 오히려 일상의 흘러가는 시간 속에서 사소한 한마디와 행동이 모여 타인에게 '김범준이라는나브랜드'로 각인된다. 그래서 우리는 가끔 내가 원하지 않는 방향으로 흘러버린 '나브랜드'에 마음 아파하고 후회하며 괴로워한다.

스스로 잡아가야 할 '나브랜드'를 내가 통제하지 못하면 타인의 시선에 휘둘린 이미지만을 갖게 되어버린다. 브랜드는 일종의 차별화인데, 그 내용이 내가 만들어낸 긍정적이고 적극적인 차별화인지 타인이 멋대로 판단한 수동적이고 소극적인 차별화인지에 따라 '나브랜드'의 품격이 결정된다.

그래서 '나브랜드'를 개발하려는 사람은 '보디랭귀지' 하나도 간과하지 않는다. 상대를 처음 대할 때의 표정 하나가 자신의 이미지를 결정하고 '나브랜드'를 확정해버림을 안다.

오랜 시간에 걸쳐 타인에게 나의 긍정적인 모습을 각인시킬 수 있는 여유가 있으면 좋겠지만 우리에겐 그리 많은 시간이 주어지지 않는다. 그러기에 세상으로부터 '예스'를 이끌어내고 싶은 이라면 자신의 손짓 하나도 우습게 여기지 않아야 한다. 생각나는 장면이 있다.

고등학교 수학 선생님을 하다가 학원가로 나와 크게 성공한 분이 해준 얘기다. 고등학교 때 자신이 가르친 아이들은 그 수만큼 서로 다른 개성을 가지고 있었단다. 그중에서도 예의 바르고 모범생이며 친구들과의 친화력도 높은 한 학생의 어머니를 만나게 되었는데, 교무실로 찾아온 어머니와 30여 분 남짓 대화를 나누면서 그분의 기품에 반했다고 했다. '아, 이래서 아이가 이렇게 품격이 있었구나!'라고 느꼈단다. 그는 학생 어머니의 손에 주목했다고 말했다.

"더운 날도 아니었어요. 그런데 그 어머니께선 부채 하나를 손에 쥐고 계시더라고요. 상담하는 내내 단정하게 부채에 손을 대고 있는 모습이 그렇게 안정적으로 보일 수가 없었어요. 보통은 손을 어떻게 하질 못해 방황하는데… 그분의 편안하고 여유로운 모습이 인상적이었습니다. 손에 든 부채 하나가 단아한 품격을 보여주는 것 같았어요. 그래서였을까요. 상담을 마치고 교실로 돌아와 다시 보는 아이의 모습도 차분하고 안정되어 보였습니다."

당신의 품격이 '손에 쥔 작은 부채 하나'만으로도 판단될 수 있다는 사실에 대해 어떻게 생각하는가. 누군가와의 첫 만남 때 긴장감에 손을 어찌할 줄 모르는 당신이라면 들어둘 만한 이야기다. 나쁜 습관을 상대방에게 노출시키기보다 자신의 고상한 품격을 상대방에게 넌지시 전해주도록 하자.

또 다른 사례를 하나 들어보기로 한다. 누군가는 '배꼽 하나 제대로 관리'(?)함을 통해 자신의 당당함을 세상에 알린다. 전 미국 대통령인 빌 클린턴의 얘기다.

그는 사람들과 악수할 때 배꼽이 있는 몸을 상대방에게 완전히 돌린 다음 청했다고 한다. 이 동작은 상대방이 긴장을 풀고 마음을 터놓게 만드는 효과가 있었단다.

대부분의 정치인은 악수를 내미는 쪽으로 얼굴과 손만 돌릴 뿐, 온전히 몸을 돌리지 않는다. 하지만 빌 클린턴은 달랐던 거다. 이를 사람들은 긍정적으로 평가했다. 여기서 또 하나를 배운다. '나브랜드'를 중요하게 여기는 사람은 악수 하나도 제대로 한다. 악수를 '그냥 하는 인사'가 아니라 자신의 당당함을 나타내는 브랜드로 삼는다.

'손짓'과 '배꼽'에 대해 말해봤다. 이번엔 '손가락 두 개' 이야기로 넘어가본다. 손가락으로 표현하는 OK사인은 지금은 세상을 떠난, 애플의 스티브 잡스가 자주하는 제스처였다고 한다. 이 시그널은 그가 정확한 사고를 소유하고 있음을 간접적으로 드러내는 한편 계산이 철저한 사람임을 보여주는 사례였다고 브랜드 전문가들은 평한다.

이건 쉽지 않은가. 뭔가 매사에 '흐리멍텅'한 당신으로 보이고 있었다면 오늘부터 당장 과감하고 단호한 손가락 두 개를 적극적으로 활용해봄이 어떨까.

손짓, 배꼽, 그리고 손가락 두 개, 모두 짧은 순간에 일어나는 일들이다. 우리는 시간적 제약을 늘 고민해야 한다. 세상은 갈수록 우리를 판단하고 평가하는 데 시간을 쓰지 않는다. 사람들은 점점 더 참을성이 없어지고 순간적으로 판단하며 결정해버린다. 그래놓고선 더 이상의 기회를 주지도 않는다.

누군가를 처음 대할 때 최초의 3초 동안에 보는 이미지가 그 사람에 대한 인상과 그다음 행동을 결정한다는 뜻을 지니는 '3초 법칙'이란 게 있다. 하지만 이 역시 이미 낡은 것이 되어버렸다.

스마트폰을 볼 때 사람들은 '클릭하는 그 순간 바로' 완벽한 페이지를 볼 수 있길 원한다. 사이트 접속이 느리거나 콘텐츠를 보기에 불편하다면 바로 페이지를 닫는데, 그 시간이 채 3초가 안 된다고 한다. 미국의 한 컴퓨터공학 전문가는 동영상이 2초 이내에 재생되지 않으면 사용자들이 페이지를 이탈하기 시작하고, 10초가 될 즈음이면 반 이상의 사용자가 떠난다고 밝혔다.•

이제 대중의 참을성에 대해선 '3초의 법칙'이 아니라 '2초의 법칙'을 말해야 한다. 2초 안에 모든 것이 끝나는 시대, 아니 어쩌면 0.5초, 0.01초로 끝나는 시대인지도 모른다.

이 짧은 순간에 나의 새로움을 상대방에게 전달하고 싶다면, 누구보다도 자신을 잘 관찰할 수 있는 내가 그동안 익숙하게 존재하던 나를 새롭게 재해석하여 드러내는 치밀한 디테일에 신경 써야 한다. '3초도 길다'는 시대에 순간적으로 나를 보여주는 첫인상이 더욱 중요해진 이유이기도 하다.

당신의 품격은 당신을 그린 자화상이 아니라 그 자화상

을 잘 품에 넣은 '액자'로 평가될지도 모른다. 당신의 손짓, 배꼽, 손가락 두 개가 지금 어디를, 그리고 어떻게 향하고 있는지 살펴보아야 할 이유다.

◯ 지금 당장,

누군가와 대화할 때 손을 어떻게 해야 할지 모르겠다면? 작은 부채 하나를 사서 손에 쥐고 있을 것!

04
/
칭찬레터
받는 고객님

'잘 파는 나'만큼 중요한
'잘 사는 나'

#갑인줄알았더니을
#을乙포인트가필요할때가온다
#매너가사람을만든다

진한 에스프레소를 마시고 싶다. 주위를 둘러보니 꽤 분위기 있는 커피 전문점이 눈에 보인다. 들어간다. 애플리케이션앱으로 주문하란다. 귀찮았지만 투덜대며 앱을 설치한다. 에스프레소 마키아토 한 잔을 선택한 후 샷 하나를 추가했다. 4,200원이다. '분위기가 괜찮더니 꽤 비싸군.' 주문 버튼을 눌렀다. 그런데 '삐익' 하는 경고음과 함께 메시지 하나가 스마트폰 화면에 뜬다.

> 당신은 블랙리스트에 올라 있습니다.
> 죄송하지만 당신에겐 주문을 받지 않습니다.

(지금)

이런 세상, 올까? 안 올까?
나는 '온다'에, 음, 100만 원을 걸겠다. 10년 안에.

'아마존 고'를 아는가. 미국의 아마존이 운영하는 세계 최초의 무인 슈퍼마켓이다. 소비자는 스마트폰에 앱을 다운로드하고 매장에 들어가 상품을 고르기만 하면 연결된 신용카드로 비용이 청구된다. 계산대도 계산원도 없다. 주로 식료품을 취급하는데 2016년 12월 시애틀에 문을 열어 직원들을 대상으로 시험 운행하다 2018년 1월 22일부터 일반인에게 개방됐다고 한다. 아직 뭔지 잘 모르겠다면 유튜브에서 '아마존 고'를 검색해서 한번 보실 것. 새로운 세상이 코앞에 왔음을 알게 될 테니.

가끔 마트에 가면 나를 졸졸 따라다니며 "이거 좋아요!"라며 호객행위를 하는 분들의 액션이 부담스러울 때가 있다. 이런 나에게 '아마존 고'와 같은 시스템은 꽤 괜찮은 아이디어다. 하지만 나의 정보가 고스란히 넘겨지는 듯한 기분이 드는 것도 사실이다. 내가 무엇을 사고 먹고 입는지, 무엇을 사려다 말았는지 등 나의 데이터를 모은 사업자는 내 소비를 마음대로 통제할 수 있을 것이다. 내가 마시고 싶어서 커피를 사는 게 아니라, 내가 마시고 싶을 때쯤 미리 정보를 보내어 커피를 사게 만들 수 있을 테다.

예를 들어 매일 아침 8시에 에스프레소 한 잔으로 시작하는 나의 일상을 아는 한 애플리케이션이 급한 일로 커피 한 잔을 거른 나에게 "김범준 님, 지금 계신 곳 75미터 부근의 '가나다 카페'에서 에스프레소 50퍼센트 할인을 오전 10시까지 진행합니다"라고 보낸다면 과연 나는 구매의 유혹을 참아낼 수 있을까.

Me, good person!

더 나아가면 공급자와 수요자의 위치가 역전될 수도 있다. 매장에서 소란을 일으킨 고객들에 대한 데이터가 쌓이고 이 데이터를 원하는 수많은 가게들이 손님을 선별하여 받는 것에 활용할 수도 있다. 최상위 매너의 고객에게는 서비스를 하나 더 주지만, 최하위 혹은 낙제점의 고객에겐 나쁜 자리를 배정하거나 비싸게 받거나 혹은 아예 자리를 주지 않을 수도 있겠다는 말이다.

'나브랜드'는 내가 무엇인가를 잘 팔기 위해서만 필요한 것이 아니라 내가 무엇인가를 보다 잘 사기 위해서 요청되는 무형의 역량이 되어버렸다. 이제 나의 평판관리는 오직 회사에서만, 직장에서만, 내가 속한 동호회에서만 필요한 게 아니다. 내가 무엇인가를 구매하는 세상 모든 곳에서도 필요한 일이 되었다.

비슷한 일은 이미 한국에서도 거칠게나마 진행 중이다. 예를 들어 '노키즈존No Kids Zone'이 그것이다. 노키즈존은 음식점, 카페 등에서 어린이들의 출입을 금지하는 곳을 의미하는 대한민국의 신조어다. 자신의 아이에 대한 과도한 옹호적 관점을 지닌 부모들이 공공장소에서 여러 가지 피해를 주는 일들이 다수 발생하면서 생긴 장소다.

아홉 살 난 아이의 머리에 한 고객이 뜨거운 국물을 부어놓고 말도 없이 사라졌다며 인터넷에 게시물이 올랐는데, 알고 보니 아이가 좁은 식당을 무방비한 상태로 뛰어다니다가 상대에게 스스로 부딪혀 발생한 결과였다는 속칭 '국물 사건', 한 부모가 대형 커피 체인점에서 매장용 머그컵을 사용하여 아이의 소변을 받는 사진이 퍼지면서 대두된 속칭 '오줌컵 사건' 등은 '노키즈존'의 출현과 무관하지 않다.

'아동'이라는 특정 집단을 잠재적인 위험, 민폐 집단으로 간주하는 점은 분명 문제라는 의견이 있긴 하지만 나는 이 노키즈존을 존중한다. 개인의 시간과 공간이 침해받지 않을 권리를 중시하는 사회적 분위기가 반영된 변화의 결과를 인정한다는 말이다.

개인적으로는 '노목큰존'이 있었으면 좋겠다는 생각을 해본다. 그러니까 '목소리가 큰 사람은 들어가지 못하는 존'을 말한다. 엊그제의 일이다. 파트너사를 방문하기 위해 버스를 탔다. 한낮의 서울 시내버스는 의외로 여유롭다. 편한 자리를 골라 앉았다. 다음 정거장이었을 거다. 한 중년의 승객이 버스에 탔다. 휴대폰을 귀에 댄 채로 말이다. 그리고 그 많은 자리를 놔두고 하필 내 앞에 앉는다. 뭔가 기분이 '쎄!' 했다. 아니나 다를까. 그 큰 목소리! 도대체 왜 이 한가한 버스 안에서 스피커 기능을 사용한단 말인가.

한강대교 북단에서 구로디지털단지역까지 십몇 개의 버스 정류장을 가는 동안 나는 꼼짝없이 그가 자신의 딸과 전화하는 내용을 들어야 했다. 용돈이 부족하다, 애 수학 성적이 이번엔 엉망이다, 다음 주가 삼촌 생일인데 돈으로 할까 잔치를 할까 등 '레파토리'도 다양했다. 하아, 이런 사람들 다시는 대중교통을 이용하지 못하도록 하는 방법이 없을까. 아마 곧 생길 것이다.

IT가 고도로 진화하면서 이젠 갑이었던 사람들이 을의 눈치를 봐야 하는 시대가 오고 있다. 나쁘다고 생각하지 않는다. 기울어지지 않은 '평평한 운동장'에서 구매자와 공급자가 만나야 한다고 생각하기 때문이다.

언젠가 항공사에 다니는 후배로부터 '칭찬레터'에 대한 얘기를 들었다. 비행기에서 보통 '고객의 소리'라 하면 탑승객이 제기하는 불만이나 항의를 생각하지만 칭찬도 꽤 있다고 한다. 서비스의 근본 목적이 손님의 만족인 만큼 '칭찬레터'를 많이 받은 승무원은 승진에도 유리하다는데

이는 고객의 칭찬을 인센티브 잣대로 활용하는 셈이다.

  이 얘기를 듣고 나는 앞으로 거꾸로 고객이 '칭찬포인트'를 받는 시점이 오지는 않을까 하는 상상을 해봤다. '칭찬포인트'에 따라 내가 받게 되는 혜택이 달라진다면 '나브랜드'를 어떻게 쌓아 갈 것인가와도 밀접한 상황이 오리라는 생각이다. 이렇게.

항공사를 열 번 이용했다. 늘 쥐 죽은 듯이 자리에 앉아, 오가는 승무원들에게 특별한 주문도 하지 않는다. 오히려 고생하는 승무원들에게 눈이 마주칠 때마다 미소를 보낸다. 타고 내릴 때 "안녕하세요", "고생하셨습니다"를 먼저 말하는 건 승객의 기본이라고 생각한다. 아, 나의 노력이 결실을 봤다. 드디어 내가 탔던 비행기의 승무원으로부터 '칭찬포인트'를 부여받았다는 이메일을 받은 거다. 1000점이면 동남아 지역 여행 시 이코노미 좌석을 비즈니스 좌석으로 업그레이드 시켜준다. 3000점이면 미국 왕복 항공권을 제공한단다. 나의 포인트는 현재 876점. 아꼈다가 미국이나 한번 다녀와야겠다.

  '나브랜드'는 나를 무작정 세상에 알리는 일만이 아니다. '나브랜드'는 '나라는 좋은 사람'을 세상에 보여주는 과정이다. 그러니 내가 속한 지역에서, 조직에서, 서비스에서 나의 매너에 관심을 갖고 아름답게 가꿔나가야 한다.

괜히 제 성질을 못 이겨 '갑질'이나 하다간 어느 순간부터 가고 싶은 백화점에선 출입금지를 당하고, 마시고 싶은 커피 전문점에선 테이크아웃만 가능하게 되고, 타고 싶은 항공기에 탑승 거부를 당하는 날이 반드시 올 것이니.

이제 함부로 을의 서비스를 평가하려는 데에만 몰두하지 말라. 대신 백화점이, 항공사가, 커피 전문점이 나를 어떻게 평가하는지에 대해서도 늘 조심하자. '나브랜드 마일리지'를 미리 쌓아두겠다는 마음가짐으로 말이다.

○ 지금 당장,
집 앞 편의점의 문을 열고 들어설 때 먼저 인사하기, "안녕하세요!"

05

첫인사에
달려 있다

"수지맞으세요"라고 말하는
'강수지의 인사법'에서 배운다

#자랑할래전달할래
#당신과내가다르지않다는겸손함
#나를돋보이게하는인사말만들기

자랑 하나 하겠다.

아주 가끔, '피 같은' 연차휴가를 내서 강연을 하곤 한다. 내 강연에 대한 반응은 대충 비슷하다. 리얼하다, 화끈하다, 재밌다 등등. 물론 부정적인 반응도 '일부' 있음을 고백한다. 자기비하가 심하다, 말이 거칠다 등. 어쨌거나 호불호와 관계없이 분명한 건 나의 강연이 기억에 남는다는 반응이다. 한번 강연을 하면 그 강연이 꼬리에 꼬리를 물고 들어와서 지금은 속된 말로 '줄을 서 주시겠습니까?' 할 상황에 이르렀다.

그런데 이상하다. 사실 나는 누구 앞에 서는 게 싫다. '대인공포증'이 있다. 그런 내가 앞에 나서서 강의를 하는 것도 신기한데 나름대로 괜찮다는 평가를 받는 걸 보면 기절할 노릇이다.

나는 강연을 전문으로 하는 사람도 아니다. 바쁜 회사일 때문에 간신히 반차 혹은 연차를 써가면서 시간을 내는 '파트타임 알바 강연자'일 뿐이다. 그럼에도 '대체로' 좋은 평가를 받는 이유는 도대체 뭔지. 스스로는 잘 모르니 내 강의를 접한 사람들에게 물어봤다. 여러 가지를 얘기했지만 공통되게 '시작이 달랐다'는 점을 말한다. 그들은 이렇게 얘기해줬다.

"강사들이 시작할 때 하는 '자기자랑'이 듣기 싫어요. 무슨 대학을 나왔고, 무슨 자격증이 있으며, 어떤 컨설팅 회사의 대표이며, 지금까지 수많은 대기업과 공공기관에서 '매우 비싼' 몸값을 받으며 강의를 진행하고 있다고 말이죠. 오랜만에 좋은 얘기 들을까 해서, 친구하고 만날 약속을 깨서 만든 귀한 시간인데, 10분 이상을 자기가 만든 회사 자랑, 자기 몸값 자랑 등을 들으면 짜증이 나요."

얼핏 이해가 가질 않았다. 정말 그런가. 더구나 돈을 받고 하는 강연이라면 시간을 아껴서 청중들에게 필요한 얘기만 전하면 되는 거 아닌가. 왜 자기 얘기를 그리 길게 하는 거지, 라는 의문이 들었다. 그렇다면 내가 시작하는 강의는 어땠는지? 그들은 내가 강연 시작하면서 하는 말을 흥미롭게 받아들였다.

"어휴, 오늘 부서장님에게 연차 받느라 힘들었습니다. 간신히 왔어요. 여러분도 연차 내기 힘드시죠."

"대화법 강연하러 오긴 왔는데… 솔직히 어제 고객과 한 번 크게 다투고 말았네요. 이런 내가 무슨 강연을 한다고."

사실 이렇게 말하려고 준비한 건 아니었다. 그냥 나를 바라보며 앉아 있는 사람들을 보니 그냥 내 생각이 났고 그래서 나의 얘기를 했을 뿐이었다. 그런데 이런 말들이, 나의 일상에 대한 솔직한 한마디가 강연장의 분위기를 푸는 데 충분했던 것 같다. 긴장해서 경직되어 있는 ─ '이 사람이 말하는 걸 어떻게 한 시간 동안 들어야 하나?'에 대한 짜증이 섞인! ─ 얼굴들이 미소로 바뀌는 이유였던 셈이다.

어떤 강사들은 교육 시작할 때 생뚱맞게 옆 사람과 하이파이브를 시킨다고 한다. 또 다른 어떤 강사들은 "사랑합니다"라는 말을 앞뒤 옆자리 사람들과 하게 한다고 한다. "피곤하시죠?"라면서 기지개를 펴라고도 한단다. 이런 것들은 오히려 청중들의 피로감만 더하고 있었던 거다. 강사가 '나도 당신처럼 그냥 열심히 하루하루 일하는 사람일 뿐입니다'라는 신호만 잘 보내도 얼마든지 강연장 분위기를 가져올 수 있음을 모르기에 발생한 문제다.

이쯤에서 자신의 첫 소개를 한번 체크해보자. 주어진 시간에 나를 상대에게 각인시킬 방법을 찾아내보자. 만약 당신이 당신의 전공분야에서 발표나 강연, 교육을 할 일이 생겼다고 한다면, 당신은 자신을 어떻게 소개할 것인가.

갑작스런 질문에 어떻게 해야 할지 잘 모르겠다면 책을 읽는 걸 잠시만 멈추고 다음의 단계를 진행해보라.

첫째, 생각한다.(1분)
둘째, 메모한다.(3분)
셋째, 말해본다.(1분)

이제 자기소개를 해보자.(아래에 다섯 줄 정도로 적어보라)

_____
_____
_____
_____
_____

Me, good person!

적은 내용을 실제로 인사하듯 큰 소리로 읽어보자. 마음에 드는가. 사례를 하나 더 체크해보자. 당신은 커뮤니케이션 컨설턴트다. 학부모를 대상으로 '자녀와의 대화법'을 주제로 강연을 하게 되었다. 강연을 시작할 때 다음의 두 가지 중 어느 것을 선택하고 싶은가.

①

"저는 가나다 대학교 심리학과를 졸업하여, 동대학원을 졸업했으며 인지행동치료를 전공했습니다. 한국대화협회의 심리힐링치료사 2급 자격증을 갖고 있으며 각종 언론매체에도 등장한 바 있습니다. 연구논문은 현실치료를 통한 자녀와의 커뮤니케이션 확장이며 현재 에이비씨 대학교 심리학과에 강사로 출강 중에 있습니다."

②

"마음이 좋지 않습니다. 어젯밤 첫째 아이와 한바탕했거든요. 자녀와의 대화법에 대해 강연을 해야 하는데 정작 제 자신이 아이의 마음에 상처 주는 말을 하고 왔으니… 오늘 이 시간, 어젯밤 제가 실수했던 말의 모습들을 돌이켜보면서 잘 진행하겠습니다."

사람에 따라 다르겠지만 나라면 ②와 같은 말로 강의를 시작할 것 같다. 강의 초반 다소 산만한 분위기를 정리하는 건 이런 멘트가 제격이다.

이 멘트는 상대방인 청중에게 여러 의미를 전달한다. 청중이라면 '저 사람도 나처럼 아이를 기르는 사람이구나. 말실수를 했다고 하니 잘 들어보고 나는 저 사람처럼 실수하지 말아야겠다'라고 편안하게 강연자를 받아들일 준비를 하게 된다.

'뭔가 있어 보이지만 딱딱한' ①과 같은 소개보다는 '나도 당신과 다르지 않다'는 말로 시작하는 편이 '나브랜드'를 상대방에게 각인시키기 위한 더 좋은 방법이 아닐까.

자신을 정확히, 하지만 상대방이 잘 받아들일 수 있도록 '첫인사'를 설계하길 바란다. 첫 몇 마디만으로 상대방에게 자신의 '나브랜드'를 각인시킬 수 있다면 당신은 당신의 이름에 주연이라는 배역을 선물한 셈이다.

가수 강수지 씨의 일화가 기억난다. 강수지 씨가 라디오 프로그램을 진행할 때의 얘기인데 우선 아래의 질문에 대해 대답을 준비해보길 바란다.

Q   당신은 강수지 씨다. 낮 2시부터 두 시간 동안 진행되는 라디오 프로그램을 맡았다. 어떻게 인사말을 남길 것인가.

_____

_____

(혹시 모르시는 분이 있을까 봐 말씀드리면 강수지 씨는 1990년대 초반 노래 〈보랏빛 향기〉로 절정의 인기를 누렸고 이후에도 〈흩어진 나날들〉, 〈시간속의 향기〉 등을 연이어 히트시킨 가수인 동시에 빼어난 외모와 재능으로 드라마, 영화에도 출연한 분이다)

어떻게 생각했는지 모르겠다.
그는 이렇게 말했단다.

"수지맞으세요! 안녕하세요. 강수지입니다!"

'강수지'라는 이름을 청취자에게 각인시키려는 게 목적이었다면 그는 대성공했다. '수지맞다'는 말 자체가 이미

'로또 당첨 맞으세요!'라는 것처럼 듣기에 나쁘지 않다. 자기 이름을 자기가 진행하는 프로그램의 아이덴티티로 적절하게 활용했다. 강수지 씨의 센스는 배울 만하다. 그는 자신의 이름에서 '의미'를 찾아낼 줄 알았다. 그 의미를 자신이 진행하는 프로그램의 목적에 맞게 잘 변용했다.

강수지 씨와 같은 유명인조차 자신을 알리기 위해, '나 브랜드'를 갖기 위해 이처럼 온갖 노력을 다한다. 이미 이름이 알려질 대로 알려진 사람조차도 이러는데 평범한 우리라면 조금 더 긴장해야 하지 않을까. 내 소개 정도도 준비하지 못하고 있는 것이 나, 그리고 당신이라면 '다른 일 모두 잠시 중단해두고' 인사말부터 제대로 한번 정리해보는 것이 맞지 않을까. 이제 스스로 말해볼 차례다.

"안녕하세요! 저는 _____ 입니다."

◯ 지금 당장,

당신의 이름으로 삼행시를 만들어보라. 가능하면 긍정적인 방향으로! 재미있게!

06

/

돈 버는 태도의
비밀

샤라포바는 어떻게 11년 연속
최고 소득의 여자 선수가 되었을까?

#나를규정하는한마디를가질것
#한국에도진출한슈가포바사탕
#꾸준함과열정의모델사업가로서의샤라포바

경찰서에 한 사람이 수갑이 채워진 채 체포되었다. 의자에 앉으라는 형사의 말에 버티다가 머리를 한 방 맞자 체포된 그 사람이 오히려 형사의 머리를 수갑 찬 두 손으로 밀치며 큰 소리를 친다.

"느그 서장 어디 있어? 서장 데리고 와!!"

어안이 벙벙한 형사에게 그가 말을 잇는다.

"너 내가 누군지 알아? 엉? 내가 느그 서장이랑… 내가 임마 느그 서장이랑 어저께도 같이 밥 묵고, 엉, 사우나도 같이 가고, 엉, 다 했어!"

그는 자신을 한마디로 규정했다. 그 키워드는 '당신의 윗사람과 아주 친한 사이에 있는 사람'이었다. 영화의 한 장면이다.

당신은 어떤 상황에 처했을 때 '당신이 누구냐?'라는 누군가의 말에 어떻게 대답하겠는가. 당신을 드러내는 대표적인 한마디는 무엇인가.

나는 이렇게 대답한다. "인간이 직업인 사람입니다." 이 말을 하면 사람들은 '인간'이란 단어까지 쓰면서 뭘 그리 거창하게 자신을 표현하느냐고 한다. 그러면 나는 "한 여자의 남편이고, 세 아이의 아빠입니다. 그리고 한 회사의 직장인입니다. 이 세 가지 역할을 잘하려고 노력하는 사람입니다"라고 부연설명을 한다. 나는 일상에서의 역할을 나름대로 잘하고 있는 내가 '인간 맞다'고 자부한다. '지금, 여기'의 작은 일에도 기쁨을 느끼고 의미를 찾아내며 이를 세상과 공유한다면 그것으로 괜찮은 인간, 훌륭한 사람이 될 수 있다고 믿는다.

이런 관점에서 '나를 한마디로 표현하려는 노력'은 꽤 쓸모가 있다. '나는 인간이 직업입니다'라는 말로 나를 규정해보듯, 대단한 것이 아니어도 된다. 내 모습을 있는 그대로 보여주는 말 하나로 충분하다.

무지개는 일곱 색이어서 아름다운 것처럼 당신 역시 당신으로서 고유하게 존재하는 모습을 표현할 수 있다면 그 자체로 아름답고 멋진 일일 거다. 물론 '당신의 윗사람과 아주 친한 사이에 있는 사람'이라는 말로 자신을 대표하지 않기를 바란다.

테니스를 모르더라도 '마리야 샤라포바'라는 이름은 들어봤을 것이다. 유명한 사람이긴 하지만 사실 이 선수가 현재 세계 랭킹 1위는 아니다. 2001년부터 프로무대에 뛰기 시작하여 현재까지도 현역이지만 이미 그의 테니스 선수로서의 전성기는 지났다는 평가가 지배적이다.

그런데 신기한 일이 있다. 미국의 경제잡지인 포브스는 샤라포바가 2005년부터 11년 연속으로 전 세계에서 돈을 가장 많이 번 여자 운동선수라고 전했다. 보통 한 해에 200억 원에서 300억 원 사이를 번다고 하니 걸어 다니는 중소기업이라고 해도 되겠다.

그 많은 돈을 어떻게 벌었을까. 포브스의 2015년 집계에 따르면 운동, 즉 테니스로 해서 돈을 번 것은 자신의 수입 중 25퍼센트에 지나지 않는다. 다른 세계 랭킹 1위 선수의 경우 수입에서 우승상금이 차지하는 비율은 50퍼센트에 달했다. 그렇다면 과연 샤라포바가 벌어들인 나머지 75퍼센트에 해당하는 돈의 출처는 어디일까.

샤라포바의 브랜드 가치를 높게 여긴 후원기업의 광고 수입도 있었으나 이뿐만은 아니었다. 그는 스스로 성공한 사업가였다. 그는 자신만의 '나브랜드'를 잘 만들어내는 사람이었다. 온라인 수업으로 진행되는 고등학교를 졸업한 게 전부였지만 경영학과를 졸업한 사람들보다 더 자신의 사업체를 경영하며 마케팅하는 데 열정을 쏟았고, 2016년에는 하버드 경영대학원에 합격해 세상을 놀라게 했다.(총 지원자의 11퍼센트만 합격시킨 쉽지 않은 해였다)

'슈가포바'를 아는가. 샤라포바가 만든 자신의 사탕 브랜드다. 슈가포바에 대한 그의 애정은 상상을 뛰어넘는다. 그는 SNS에 슈가포바 제품 사진을 수시로 올리는 것은 물론 테니스 대회가 있을 땐 대회장 부근에 슈가포바 팝스토어를 열기도 한다. 물론 경기를 준비해야 하는 샤라포바가 시간이 날 때마다 들러 제품 홍보에 나선 건 당연한 일이다.

심지어는 샤라포바가 자신의 이름을 슈가포바로 개명하려 했다는 믿기 힘든 루머도 있다. 그의 욕심을 탓할 수가 없다. 부지런함과 노력으로 파고드는 그의 집요함 때문이다. 멀쩡한 이름을 개명하려고 하는 그의 노력은 '나를 한마디로 표현'할 줄 알아야 하는 나와 당신 모두에게 '나 브랜드'에 대한 통렬한 깨우침을 주는 것만 같다.

샤라포바는 세상과 접속하기 위해 꾸준함과 열정을 갖고 자신을 가꿀 줄 알았다. 남들이 무엇을 하고 있는지 살펴보기만 한 게 아니라 자신이 이미 갖고 있는 것 중 놓치고 있는 것이 무엇인지를 찾아낼 줄 알았다. 그리고 그것을 성공의 기회로 삼았고 결국 성공의 과실을 누리는 중이다.

'나브랜드'란 나만의 '오리지널리티Originality'를 형성하려는 노력이다. 나는 어떤 색깔로 살고 있는지, 나의 삶은 한마디로 무엇인지 말할 수 있어야 타인의 끌림을 얻어낼 수 있다. 샤라포바는 늘 그것을 고민하고 또 솔루션을 실행해 나가고 있었다.

샤라포바로부터 '나브랜드'의 방향을 배운다. 나의 이름을 세상이 원하는 가치와 연결시키는 내가 되고 싶다. 타인이 나를 바라볼 때 단순히 이름과 얼굴만을 매칭하는 데 그치지 않도록 좀 더 노력하겠다고 다짐을 해본다.

좀 더 나아가 다른 사람이 나를 보면서 행복감, 희생, 헌신, 만족감, 여유, 열정, 지혜, 평화, 기분 좋음 등의 가치를 떠올리게 만들고 싶다. 그때서야 비로소 나는 '나브랜드'를 완성했다고 자부할 수 있을 것 같다.

Q 지금 당장,
나, 김범준은 '인간이 직업인 사람'이다. 당신은 누구인가?

Me, good appearance!

2

07

/

앞치마
법칙

잘되는 식당은
앞치마부터 다르다

#앞치마하나도간지뿜뿜
#디테일을외면하지않는세심함
#가장작은것부터나답게

고기를 좋아한다. 그것도 비싼 고기, 그러니까 등심, 안심, 뭐 이런 거. 좋아하는 고깃집도 많다. 등심 먹고 싶을 때 가는 집, 양갈비 먹고 싶을 때 가는 집, 목살 먹고 싶을 때 가는 집 등 유형별로 다양하다. 아내로부터 용돈을 받으면 내가 가장 먼저 가는 곳은 서점도, 술집도, 노래방도 아닌 고깃집이다. 퇴근 후 집에 갈 힘조차 없을 땐 혼자 고깃집엘 간다. 고시 공부할 때 혼자 식당에서 삼겹살 2인분을 구워 먹은 기억이 있기에 지금도 '혼고기'는 어색하지 않다.

이제 고깃집 한 곳을 소개해드리려 한다. 등심이 유명한 곳인데 이곳은 숯불을 사용하지 않는다. 두터운 주물로 만든 프라이팬에 고기를 굽는다. 서빙하시는 분들이 직접 구워주신다. 윤기가 자르르, 육즙이 자르르. 지금 이 글을 쓰는 시각은 이미 밤 10시가 넘었다. 달려가고픈 충동이 생긴다. 잊어선 안 될 마무리가 또 포인트다. 등심을 먹은 후 나오는 그 가게 특유의 볶음밥은 끝내준다. 깍두기를 잘게 썰어서 매운 듯 짠 듯 먹는… 그만하자. 진짜 가겠다. 이러다가.

그곳의 앞치마에 주목한다. 일반적인 식당에 가면 소주

회사에서 공짜로 준 것 같은 앞치마를 준다. 소주 이름이 크게 써 있는 앞치마. 하지만 내가 가는 이 고깃집은 앞치마 하나도 품격을 갖추고 있다. 앞치마에 품격이라고? 이곳의 앞치마는 갈색 바탕에 식당 이름이 무려 '금장'으로 각인되어 있다. 그 앞치마 천의 질감은 적당히 두툼하며 늘 깔끔하다. 앞사람이 방금 놔두고 간 그런 앞치마가 아니라, 여기저기 고기 기름이 묻어 있는 앞치마가 아니라, 세탁 후 잘 건조된 앞치마다.

이거 하나만으로도 뭔가 대접받는 느낌이다. 믿음? 신뢰? 자신감? 어쩌면 이런 거창한 가치들까지 전해지는 듯하다. 나는 여기서 하나를 배운다. 식당을 운영하는 업주의 세밀함이 녹아들어간 임팩트 있는 앞치마는 고객의 기대와 경험을 좌우하는 중요한 브랜딩 요소였다. 앞치마 하나도 허투루 넘기지 않고 만들어 제공하는 식당이라면? 고기의 질, 위생상태, 후식까지 모두 먹기도 전에 믿음을 가질 수밖에 없다. 아마 그때였을 거다, 내가 나 자신에게 물어본 건.

"나는 지금 상대방에게 어떤 앞치마를 보여주고 있는가?"

앞치마 얘기 하나를 더 보태본다. TV프로그램인 〈윤식당2〉에서 윤여정, 이서진, 박서준, 정유미보다 나의 눈길을 끈 건 앞치마였다. 식당 운영이라는 리얼리티에 걸맞게 출연진 모두가 촬영 내내 착용한 앞치마는 연예인인 그들이 식당 직원으로서 뛰는 모습을 보여주는 데 결정적인 역할을 했다. 앞치마라는 디테일에 자신들의 브랜드를 적절하게 올려놓는 것에 성공했다.

음식을 만들고 서빙하는 모습으로만 앞치마가 활용된 것도 아니다. 식당 오픈 날 아침, 식당에 먼저 도착한 박서준, 정유미. 이때 박서준은 정유미가 앞치마 입는 것을 도와준다. "머리를 넣고 여기를 땡기면 돼요." 이때 박서준이 보여준 손짓, 그리고 행동은 몇몇 시청자들을 '심쿵'하게 했다는 얘기가 있다.

당신이 '뭐 앞치마에까지 신경을 써야 해?'라고 생각한다면 당신은 아직 '나브랜드'에 대해 철저하지 못한 사람이다. 앞치마는 식당에서만 쓰는 게 아니라는 점, 어떤 경우엔 자신의 고민과 생각을 드러내는 전략적 무기로 사용된다는 점 등을 알아차릴 수 있어야 한다.

앞치마 하나만으로도 식당에서 일하는 사람의 전문성을

살려주고, 그 자체로 상품성을 지니며, 나름대로의 스토리라인까지 만들어준다는 사실 등을 한번 정도는 우리 자신의 모습에 투영하여 고민해봤으면 좋겠다. 거창한 말 같은가. 아니다. 최근에 내가 보고 나서 감탄한 앞치마의 사례를 하나 더 들어보도록 하겠다.

나는 책을 많이 사는 편이다. '그냥 좋아 보이는 책'은 일단 사고 본다. 특히 온라인 서점에서 충동구매를 자주 한다. 그것은 일정 금액 이상 구매할 때 주는 사은품 때문이다.

언젠가 책을 5만 원 이상 구매하면 앞치마를 준다고 해서 당장 구입할 필요도 없는 책을 산 적이 있다. 그 앞치마, 한 남자가 입고 있는 모습의 사진이 상품 설명을 대신해줬는데 모습이 깔끔했다. '아무 생각 없이' 몇 권 더 장바구니에 집어넣고—그 사은품을 받을 수 있는 금액을 만들기 위해—주문했다.

다음 날 집에 오니 책과 함께 앞치마가 와 있었다. 알고 보니 당시 핫했던 소설의 한 문장을 따서 집어넣은 앞치마였다. 앞치마에는 이렇게 적혀 있었다.

'큭' 하고 웃음이 나는 한편으로 가슴 한구석에 미안함이 느껴졌다. 아내에게 말이다. 앞치마가 가정 내의 역할 분담과 그 문제점을 한방에 알려준 것 같은 생각이 들었다. 앞치마만으로도 원하는 메시지를 강력하게 전달할 수 있음을 알게 된 또 하나의 사건이었다.

앞치마는 자신을 방어하는 수단이 되기도 하며 자신을 드러내는 방법이 되기도 한다. 앞치마를 예로 들어서 말했지만 다른 작은 디테일들도 마찬가지일 것이다. 디테일 하나에도 신경을 집중하고 잘 체크해본다면 '나다운 아름다움'을 펼치는 '나브랜드'의 확장 공식을 찾아낼 수 있을 것이리라 본다.

나답게 살고 싶다면 지금이라도 아주 작은 것들로부터 나다움을 찾아 모아야 한다.

○ 지금 당장,

나의 카톡 상태메시지에 무엇이 적혀 있는지 그리고 그것을 볼 사람들이 어떻게 생각할지, 생각해볼 것.

08

프레젠테이션을 할 때 불을 끄면 안 되는 이유

알릴 수 있을 때
악착같이 알린다

#백오십오의그가거인으로보인이유
#앞에나가서떨린다는말을하면안되는이유
#불끄는것을멈추는순간나브랜드의불이켜진다

중국의 지도자였던 등소평의 키는 155센티미터가 넘지 않았다고 한다. 그럼에도 그는 '거인'으로 불렸다. 늘 꼿꼿한 그의 걸음걸이 때문이었다. 미국 레이건 대통령과 만났을 때의 에피소드가 전설처럼 전해진다. 큰 키의 레이건 대통령이 작은 키의 등소평 때문에 허리를 굽힐 수밖에 없었다는 얘기다. 키보다 중요한 건 바른 자세임을 말해주는 사례다.

비슷한 얘기는 얼마든지 있다. 2004년 미국 대통령 선거 때다. 당시 후보였던 부시 대통령이 마지막 TV 토론에서 부인인 로라 부시로부터 "말할 때 똑바로 서는 것을 배웠다"고 대답한 일화는 유명하다. 바른 자세는 그 자체로 '나브랜드'를 위한 차별화 요소, 즉 '스페셜리티 Speciality'가 될 수 있음을 말해준다.

이제 우리를 돌아볼 차례다. 나부터 고백해야겠다. 아쉽게도 나는 바른 자세를 아직까지도 갖지 못했다. 변명을 하자면 척추측만증이 문제다. 경추 4번 부근에서 휘기 시작한 척추가 25도 가까이 구부러져 있어 늘 어깨 한쪽이 기울어진다. 이를 발견한 사람들은 "어? 왜 이래, 어깨?"라며 놀라기도 한다. 뭐 사는 데 지장은 없다지만, 누군가에게 나의 첫 모습을 보여줄 때 바르지 못한 자세, 불안정한 이미지가 신경 쓰이는 건 사실이다.

등소평은 키가 작았을 뿐 자세가 어중간했던 것은 아니다. 구부정한 리더를 본 적이 있는가. 없을 것이다. 바른 자세는 자기 자신을 긍정적인 모습으로 세상에 보이게 만드는 상징과도 같다. 물론 자세를 무슨 '기싸움'처럼 하라고 권하고 싶진 않다. 언젠가 우리나라의 국방부 장관이 북한의 정치인을 만나 악수를 하게 되었다. 허리를 숙이는 대신 절도 있는 목례를 했다. 화제가 됐다. 그의 '꼿꼿함'은 그에게 긍정적인 이미지로 작용했다.

당당한 자세는 특별한 이유가 없다면 '버릇없다'는 얘기보다는 '자신감 있어 보인다'는 말을 듣는다. 어깨를 펴고 앞을 자신 있게 바라보는 사람에게 아무래도 신뢰감이 더 가는 것을 부정하기는 힘들다.

미국의 심리학자 앨버트 메라비언은 말하는 사람의 인상을 좌우하는 요인 중 말의 내용은 고작 7퍼센트에 불과할 뿐이라고 했다. 듣는 사람의 입장에선 시각(55퍼센트)과

청각(33퍼센트)에 영향을 받는 비율이 훨씬 크다는 것이다. 말하는 사람의 '이미지'가 마음에 들어야 말하는 사람의 '내용'에도 귀를 기울이게 된다. 시선만이라도 당당하게, 몸의 자세만이라도 자신 있게 보이도록 하는 건 어떨까.

자신의 모습이 상대방에게 어떻게 비춰지는가는 '나브랜드'를 고민하는 우리라면 꼭 염두에 두어야 할 부분이다. 그럼에도 우리는 자신을 '정면으로' 노출하는 것에 두려움을 느끼는 경우가 많다.

당신이 발표 자리에 나갔다고 해보자. 앞에는 약 30여 명의 청중이 있다. 당신이라면 처음 무슨 말로 발표를 시작할 것인가. 안타깝게도 자신을 깎아내리는 말부터 하는 사람들이 너무나도 많다.

"여기 나오니까 너무 떨리네요."
"제가 말할 자격이나 있는지 모르겠는데…"
"저도 사실 잘 모르는데 나오라고 해서 나오긴 했는데…"

이런 말로 시작하는 순간 30명 중 아마 반 이상은 당신의 발표에 대한 기대를 접을 것이다. 청중은 자기 시간을 들여 굳이 그 자리까지 온 사람이다. 손을 어디다 둘 줄 모르고, 시선은 땅 밑만을 본 채 "자신감 없다"는 말만 반복하는 이의 말에 귀를 기울일 만큼 한가한 사람은 별로 없다.(특히 "떨린다"는 말만은 제발 하지 말아달라고 간곡히 부탁드린다)

하나 더, 불을 끄지 말아야 한다. 파워포인트 등을 이용한 발표라면 불을 환하게 해선 잘 안 보일 수도 있겠다. 그렇다고 하더라도 청중의 시선이 당신이 아닌 파워포인트에 주로 머물도록 해서는 안 된다. 사람들은 파워포인트를 만나러 온 게 아니다. 당신을 만나고 싶어서, 당신의 이야기를 듣고 싶어서 왔다. 당신의 시선은 청중의 눈과 늘 '컨택'되어 있어야 한다.

단상에 비춰지는 화면을 보며 발표하는 당신을 발견하는 순간 청중도 고개를 숙여 잠시 꺼놨던 자신의 핸드폰을 켜서 보기 시작할 것이다.

물론 일대일의 미팅 자리에 있어서도 당당한 정면 응시의 중요성은 더 말할 나위 없다. 자신의 무한한 가치를 아낌없이 세상에 드러내고 싶다면, '나브랜드'를 조금이라도 빠른 시간 내에 확장하고 싶다면, 나의 얼굴을 드러내는 것에 대한 두려움 정도는 저 멀리 던져버리자.

지금 당장,

큰 거울이 있는 화장실에 가라. 바른 자세로 서라. 거울에 비춰진 당신의 몸 전체를 살펴보라. 어떠한가?

09

/

셔츠 색 하나
바꿨을 뿐인데

당신의 인생 컬러는
무엇입니까?

#물기운이약한사람에게필요한파랑색옷
#당신은스티브잡스가아니니검정터틀넥은피하라
#어쩌면첫인상은색깔이좌우하는것일지도

나의 색깔은 무엇일까. 언젠가 사주를 본 적이 있다. 봐준 분은 "당신은 물水 기운이 부족하니 물과 가까이 해야 한다"라고 말했다. 미신이든 아니든 나는 그냥 좋은 방향으로 해석하고 나름의 대응 방법을 강구했다.

일부러 제주도에 다녀왔고, 물길을 바라본다고 강촌 나들이를 떠났었고, 심심하면 속초 바닷가의 가자미회를 먹으러 다녀왔다. 그런데 이상하게 잘 안 되는 게 하나 있었으니 파란색 옷을 입는 거였다.
내가 좋아하는 색은 회색, 아니면 검정이었다. 그런데 파랑이라니. 어렸을 때 알았으면 몰라도 이 나이에 파란색 옷을 어떻게 입는단 말인가. 그냥 그런가 보다 하며 지내왔다.

그러던 어느 날, 파란색이 선명한 셔츠를 입게 되었다. 반응이 놀라웠다. 그리고 알았다. 내가 그동안 좋아한다고 생각하던 검정색이나 회색이 사실은 내게 '어울린다'기보단 '익숙했다'는 것을 말이다.
파란색 셔츠를 입으니 한 직장 동료가 사람이 밝아 보인다고 했다. 이번엔 물색 셔츠를 하나 사서 입었다. 오랜만에 나간 모임에서 누군가로부터 "훤하다"는 말을 들었다.

용기가 났다. 파란색 라운드 티를 사 입었다. 누군가 말했다. "잘- 생겼다!"(이분은 나의 아내님 되시겠다)

이 일을 계기로 하나 깨달은 게 있다. 나의 틀을 깨는 건 물론 어려운 일이지만 필요하다면 그 틀을 슬쩍 건드려보는 것만으로 현재의 내 모습을 극적으로 변화시킬 수 있다는 사실이다. 타인에게 특별히 피해를 주는 일이 아니라면 나에 대한 평가, 나의 존재감, 나의 이미지를 나은 방향으로 바꾸려는 노력을 슬쩍슬쩍 해보는 건 바람직한 시도임을 느끼게 되었다.

사람을 외모로만 판단하는 건 어리석다. 하지만 세상에서 외모를 통해 나를 판단하고 있다면 적당한 수준에서 나를 포장하는 건 괜찮은 전략이다. 옷, 헤어스타일, 메이크업 등을 '나를 위장하는 가면'으로 낮춰 보기보다는 '정말 괜찮은 나'를 세상이 한눈에 알아보도록 하기 위한 방법이라고 생각하는 게 낫다.

나만의 색깔은 비즈니스에서도 중요하다. 예를 들어보자. 나에게 녹색은 편안함의 상징이다. 왜? 녹색 로고를 상징으로 하는 한 커피 전문점이 나의 쉼터이기 때문이다.

출근 전 혹은 퇴근 후 나는 한 커피 전문점을 습관처럼 찾는다. 작업 공간이기도 하고, 가끔은 명상의 장소이기도 하고. 그곳이 갑자기 색깔의 다양성을 준다고 어느 간판은 노란색, 어느 간판은 파란색으로 만들어버린다면, 글쎄, 나는 왠지 혼란을 느끼게 될 것만 같다. 새로운 수요는 창출할지 모르겠지만 기존의 수요가 — 나 같은 사람들은 — 이탈할지도 모르겠다는 생각을 해본다. 조금 과장된 것일까. 아니다. 색깔 그 자체가 주는 영향력은 예상 외로 분명하게 드러난다.

고故 앙드레 김을 머릿속에 떠올려보라. 어떤 색깔이 떠오르는가. '화이트'가 — 이분의 색깔을 하양, 하얀, 혹은 흰색으로 표현하면 뭔가 어색하다 — 금방 배경화면으로 세팅되는 느낌이다. '그의 화이트'는 하나의 '나브랜드'였다. 색깔을 통해 창출해낸, 뇌리에 각인된 이미지였다.

이제 우리에게도 적용해보자. 외모는 바꾸기 어렵다. 게다가 우리들의 외모는, 하여간 거기서 거기다. 이럴 땐 '우회 전략'을 사용하면 괜찮다. 큰 노력이나 돈이 들지 않고도 당장 쉽게 다룰 수 있는 '컬러'를 신경 써보는 거다. 나 자신과 가장 어울리는 '퍼스널 컬러'를 찾아내고 이를 자신의 '나브랜드'와 연결시키는 작업을 해보자.

당신을 상징하는 색깔은 무엇인가. 이에 대해 1초의 지체함도 없이 하나의 색깔을 말할 수 있다면 당신만의 색깔은 '있다'고 해도 괜찮겠다. 하지만 그 색깔이 '나브랜드'에 해를 끼치고 있다면? 그래서 아주 기초적이지만 색에 대한 연구가 필요하다. 이런 것들은 책을 통해서 얼마든지 공부할 수 있다. 책읽기가 싫다면 검색창에 '~한 상황에 어울리는 색깔'을 검색한 후 전문가들이 언론사와 인터뷰한 내용을 활용하는 것만으로도 때와 공간에 맞는 자신의 색깔을 찾는 것에 어려움을 겪지 않을 수 있다.

예를 들면 중요한 PT 자리에서 칙칙한 검은 넥타이보다는 트렌디한 스트라이프 타이를 맨 사람이 더 눈길을 끌 수 있다거나, 간만에 이루어진 소개팅 자리라면 레드 등의 강렬한 컬러보다는 부드러우면서도 안정감을 주는 컬러인 그린, 베이지 계열 색깔의 옷을 선택하는 것이 좋음을 알아두는 건 괜찮은 일이다.

첫인상은, 안타깝게도, 내면의 따뜻함에 의해서 결정되지 않는다. 첫인상의 9할은 외형에 의해 결정되며 특히 시각적 인상은 50퍼센트의 영향력을 갖고 있다는 연구도 있다. 시각적 인상 중에서도 가장 쉽게 상대방의 판단을 결정짓게 만드는 건 내가 입고 있는 옷의 색깔이라고 한다. 그러니 '나브랜드'를 잘 만들어보려는 우리들이라면 색깔에 대한 연구 정도는 한 번씩 해보고 넘어가는 것이 순서라고 생각된다.

예를 들어 색채 심리학에서 말하는 색의 느낌 혹은 기능에 대해 아래 정도는 메모를 해두는 것도 괜찮겠다.

오렌지	낙천적	**노란색**	개방적
화이트	정직, 순결	**파란색**	청결, 정직
핑크	부드러움	**베이지**	안정
녹색	평화		

◯ 지금 당장,
─────────────────
도저히 못 입을 것 같은 색깔의 바지 하나 사서 입어보기. 그리고 편한 사람에게 평가를 들어보기. 나빠도 관계없음!

10
/

하루에 1억 버는
사나이의 배

호날두의 집들이엔
절대 가지 말라

#외모패권주의시대에외모로패배해서야되겠는가
#집들이메뉴가샐러드닭가슴살생수이세가지로끝이라니
#호날두에게배워야할건복근만드는비법만이아니었다

나도 괜찮은 몸을 갖고 싶다.

외모가 뭐가 중요하냐고 말하는 사람도 있지만 '외모패권주의'라는 말이 긍정적인 느낌으로 사람들의 입에 종종 오르내리는 걸 보면 그저 외면할 수 있는 무언가는 아니다. '나브랜드'를 고민하는 사람으로서 최소한 내가 성공하고 싶은 범주에 있는 사람들에 비교해볼 때 모자라지 않는 모습을 갖추면 좋다고 생각한다.

그런 의미에서 나의 고민은 바로 '올챙이배'다. 배만 볼록하게 나오는 올챙이배는 복부 비만의 상징이다. 그런데 이 올챙이배는 전신이 비만인 것보다 더 위험하다는 연구가 잇따르고 있단다. 특히 나와 같은 중장년층이 올챙이배를 갖고 있을 경우 비만과 관련된 내분비 질환의 위험만 높이는 게 아니라 뇌 질환과 안과 질환에 걸릴 위험도 높인다고 하니 겁나는 일이다.

치매나 눈이 안 보일 수 있다는 등의 경고도 '섬뜩'하지만 솔직히 말해서 올챙이배를 없애고 싶은 가장 큰 이유는 보기 흉해서이다. 앉아 있을 때 푹 꺼진 가슴과 대비되어

'팽팽한 존재감을 유지하는' 복부 비만은 나의 감추고 싶은, 하지만 '감추기에는 상대방에게 너무나 잘 보이기만 하는' 비밀 아닌 비밀이다.

요즘엔 옷을 살 때도 입어본 후에 배가 나와 보이나 안 나와 보이나를 기준으로 구입을 결정한다. 그뿐이랴. 한여름에도 자켓을 입은 나를 보고 사람들이 "덥지 않아? 반팔 하나만 입어도 이렇게 더운데?"라고 말하면 말로는 "직장인이 그래도 자켓은 입고 다녀야지!"라고 해놓고 속으로 투덜댄다. '자켓이 내 올챙이배를 가려주니까 그렇지!'

'나브랜드'는 보이는 모습에 대한 관리와도 직결된다. 아무리 똑똑하고, 지혜롭고, 깨끗한 영혼을 지니고 있으며, 아름다운 말들을 하는 사람이라고 하더라도, 입에서 나는 냄새는 고약하기 이를 데 없고, 옷에서 퀴퀴한 악취가 나며, 구겨진 바지에 염치 불구하고 튀어나온 아랫배를 가진 사람과 가까이하고 싶은 사람은 세상에 별로 없다. 솔직히 나부터 그런 사람들과 가까이하고 싶지 않다. 그래서 늘 '기회만 되면 이 올챙이배와 전쟁을 한번 하리라!'며 다짐을 하고 있었는데, 그러다 누군가를 발견했다.

Me, good appearance!

호날두란 스포츠 스타가 있다. 정확히는 '크리스티아누 호날두 두스산투스 아베이루', 포르투갈 출신의 축구선수로 2018년 현재 서른네 살이다. 187센티미터의 키에 83.5킬로그램, 세계 최고의 축구 클럽들을 두루 거쳤다. 잉글랜드의 맨체스터 유나이티드, 스페인의 레알 마드리드, 그리고 현재는 이탈리아 유벤투스 FC의 주전 공격수다. 연봉은 약 400억 원에 이른다. 한 달로 환산하면 33억 원이며 하루로 따지면 1억 원을 넘게 받는 명실상부 살아 있는 전설이다.

나야 하루에 1억 원을 받는다고 해도 쓸 데도 없고, 움직이는 걸 싫어하니 축구하기도 귀찮고, 그다지 호날두에 대해 부러운 점은 없다. 하지만 딱 하나 부러운 게 있으니 그의 '완벽한 복근'이다. 골을 넣을 때마다 왜 그가 웃통을 벗는지는 모르겠다. 하지만 남자인 내가 봐도 그의 몸은 그 자체로 환상적이다. 특히 '식스팩'인지 '에잇팩'인지 모를 그의 복근은 비현실적이기까지 하다. 저런 배는 도대체 어떻게 만든 걸까. 그의 복근을 닮고 싶어서 찾아봤다. 그랬더니…

레알 마드리드에 따르면 호날두의 현재 신체 나이는, 실제 나이보다 열 살 젊은 23세다. 체지방률도 7퍼센트 미만으로 전문 보디빌더의 평균 체지방량에 가까우며 근육량은 50퍼센트가 넘는다. 매일 팔굽혀펴기 1000번, 윗몸일으키기 3000번을 하면서 '조각상' 몸매를 빚어냈다고 한다.•

포기다. 팔굽혀펴기 열 번도 힘든데, 윗몸일으키기 30번도 힘든데, 어떻게 1000번, 3000번을 할 수 있겠는가. 운동뿐이랴. 그의 음식 조절은 더 엄청나다. 한때 맨체스터 유나이티드에서 함께 뛰었던 호날두의 동료 에브라가 "호날두에게 연습 후 점심 식사에 초대받았는데 식탁엔 샐러드와 닭 가슴살, 물밖에 없더라"고 했다는 말은 전설과도 같다. 초대라면 일종의 '집들이'인데 집들이 음식 메뉴가 샐러드, 닭 가슴살, 물이라니, 기가 막히다. 하지만 왠지 이건 할 수 있을 것 같다는 생각이 들었다. 당장 따라 해보기로 했다. 나의 음식 섭취에도 적용해본 것이다. 결과는?

하루 만에 끝났다. 일단 나는 샐러드가 그렇게 비싼 음식인지 몰랐다. 물어물어 찾아간 샐러드 전문점에선 이런저런 야채를 섞어서 주곤 1만 원 넘는 값을 받았다. '짜장면 먹고 콜라 한 병 마시고 2,000원 남는데…'라는 생각이 들었다. 퇴근길 마트에 들려 닭 가슴살을 사왔는데 포장을 뜯고 덩그러니 놓인 닭 가슴살을 생수와 함께 먹는 내가 괜히 처량했다. 간을 따로 하면 안 된다고 하는데 그냥 소금을 한 뭉텅이 투하해서 먹었더니 먹을 만해졌다. 갑자기 맥주가 당겼다. 캔 맥주 하나를 땄다. 아무래도 입이 심심했다. 집 앞 편의점에 허겁지겁 달려가 오징어땅콩 과자 한 봉지를 샀다. 밤 12시가 가까운 시간이었다. 이렇게 나는 호날두의 식생활을 따라잡는 데 하루 만에 실패했다.

그럼에도 불구하고 아직 나는 '나브랜드'를 위한 내 몸 만들기를 포기하지 않는다. 언젠가는 팔굽혀펴기 100번, 윗몸일으키기 300번에 최소 하루 한 끼 정도는 닭 가슴살에 생수만으로 버틸 날이 오지 않겠는가, 하며 스스로를 위로한다. 올챙이배도 사라지고, 온몸에 근육이 올라올 때쯤 되면 '김범준의 외형'이라는 '나브랜드'도 세상에 내보일 만한 것이 되지 않을까라는 희망을 꿈꿔본다.

그런데 복근이 호날두 유사 복근이 될지라도 내가 따라잡지 못할 '호날두표 나브랜드'는 하나 더 있다. 세상을 향한 그의 따뜻한 시선은, 진짜 '넘사벽'이다. 그의 몸은 노력하면 될지도 모르겠지만 세상을 바라보고 행동하는 그의 모습은 정말로 따라 하지 못할 것 같다. 왜냐고? 다음의 내용을 보라. 모두 '팩트'란다.

 호날두는 문신을 하지 않는다. 매년 두 번씩 헌혈하기 위해서다.
 호날두는 그의 포르투갈 대표팀 동료 아들이 백혈병을 앓자 골수를 기증했다.
 호날두는 소말리아 빈곤 아동들을 위해 3000만 달러(약 333억 원)를 냈다.
 호날두는 뇌 수술이 필요한 소년의 수술비 전액을 냈다.
 호날두는 칠레에 아동 병원을 짓고 있다.

 호날두에게 배울 건 복근만이 아니었다. 자신의 노력으로 돈을 남기는 것 이상으로 사람도 남길 줄 아는 호날두의 '나브랜드' 구축법을 작은 것부터 실행해야겠다는 다짐을 해본다. 일단 회사에서 사회공헌 활동으로 진행하는 봉사활동에 참여하기로 했다. 지금, 바로!

○ 지금 당장.
이유를 불문하고 지금부터 딱 3일간만 샐러드, 닭가슴살, 생수, 이 세 가지로 버텨보기.

Me, good appearance!

11

/

향기가 판단에
미치는 영향

중요한 날은 향과
오감으로 승부하라

#상대방을알려는노력이전에나의향에관심을두는노력을
#오감중가장강렬한감각은후각이라고
#오렌지의향기로기억되는사람

대형 마트에 갔을 때의 일이다. 생활용품을 파는 코너에 편안해 보이는 옷들과 각종 생활용품이 진열되어 있었다. 나의 눈을 끈 건 은은한 빛이 마음을 편안하게 해주며 퍼져 나오는 입자 속의 향기가 그럴듯한 가습기였다. '예약 판매 중'. 한 달 후에 받을 수 있는데 10퍼센트 할인을 해준다고 했다.

개인적으로 예약이란 제도를 좋아하지 않는다. 그냥 할인이면 할인이지 무슨 예약? 게다가 한 달 지나서 찾으러 와야 한다는 말까지 정말 내 마음에 들지 않았다. 그럼에도 예약을 했다. 실제로 은은한 향기가 마음을 진정시켜주는 것 같은 느낌을 받았기 때문이다.

한 달이 지나 받으러 갔다. 집에 와서는 바로 전원을 연결했다. 음, 좋은 냄새! 그리고 은은한 빛! 게다가 잘게 부서진 수증기까지. 마음에 들었다. 신기하게 지켜보던 가족들에게 자랑 섞어서 말했다.

"향기도 좋고, 은은한 불빛도 마음에 들어서 샀어. 물론 겨울 한 철을 날 가습기가 마침 없었던 게 결정적이었고."

센스 있는 남편이자 아빠가 된 듯이 말이다. 그리곤 매일 물을 갈고, 비싼 값을 주고 산 '향 나는 천연 오일'을 몇

방울 떨어뜨리며 흡족하게 사용했다.

그러던 어느 날이었다. 그 제품의 설명서를 읽게 되었다. '…엇? 이게 뭐지?' 설명서의 한쪽엔 이렇게 쓰여 있었다.

"가습 효과는 증명되지 않았습니다."

알고 보니 이 제품은 가습의 역할을 하기보다는 향을 내는 역할에 초점이 맞춰진 것이었다. 그런데 그것도 모르고 가습기라고 사놓고서 열심히 물을 갈아주고 그랬다니 허탈했다. 속은 느낌이 들었다. 그럼에도 불구하고 지금까지도 아주 잘 쓰고 있다. 가습 효과도 미비한, 증명되지 않은 가습기를 왜 사용하고 있는 걸까. '쓸모가 없는 제품도 향기 하나 괜찮으면 쓸모 있음'을 깨닫는다.

'쓸모없음'이 '쓸모 있음'으로 변하는 데는 향기 그 하나로도 족했다. 반대로 향기 대신 악취가 나는 것은 아무리 기능이 실해도 곁에 두기 어려움을 생각케 하는 사례였다.

어디 '가습기를 가장한' 방향제만일까. 사람 역시 마찬가지다. 상대방이 당신이 접근할 때 뒷걸음질을 한다면 당신의 성격이나 외모보다 입에서 나는, 혹은 몸에서 나는 퀴퀴한 냄새를 먼저 의심하는 것이 옳다. 반대로 당신이 상대방에게 그리 관계없는 사람이었더라도 향기 하나만 제대로 낼 수 있다면 왠지 기억나는 사람으로 '변신'이 가능할지도 모른다는 것을 말하고 싶다.

상대방에게 좋은 모습으로 보여야 할 때 옷, 헤어스타일, 지식, 마음씨 등은 노력은 물론 돈이 투입되는 경우도 허다하다. 하지만 향기는 노력도, 돈도 그리 크게 소모되지 않는다. 그냥 사서 뿌리면 되니 말이다. 적당히.

'나브랜드'는 당신만의 향기와 함께 완성되어야 한다. 당신을 생각했을 때 가장 먼저 떠오르는 것이 옅은 오렌지 향이었으면 좋겠다. 담배 냄새에 찌든, 텁텁하고 퀴퀴한 입 냄새와 같은 악취가 당신을 떠오르게 하는 냄새가 아니길 바란다.

후각은 오감 중 가장 강렬하면서도 오랫동안 뇌에 기억되는 감각이라고 한다. 외모 등 시각적 인상보다 향수를 사용한 '후각의 인상'을 더욱 중요하게 생각하는 사람들이 늘어나는 이때에 당신을 나타내는 향 혹은 냄새는 무엇인가.

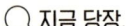 지금 당장,
'정말 친한 친구'에게 "나에게서 무슨 냄새가 나냐?"고 물어보기.

12

"서점에서 나는 좋은 냄새 뭐지?"

교보문고에서 품절된 것은
책뿐만이 아니었다

#남에게보여지는나의겉모습을표현하려는시도가즐거울것
#최초의자극이최종의자극을결정함
#책에서나는향이아니라책을구매하게만드는향

'향'에 대한 이야기를 하나 더 해보자.

요즘 나는 타인에게 보이는 겉모습이 나답게 표현될 수 있도록 시도하는 게 재밌다. 지금 책을 쓰고 있는 나의 글쓰기도 그렇지만 나의 미소, 나의 옷차림, 나의 이미지로 내가 표현된다는 것이 신기하다는 생각을 한다. 나에 대해 관심이 있다 보니 이젠 그 생각들이 확장되어 타인에 대해서도 궁금해졌다. 저 사람은 자신을 어떻게 표현했는지 관찰하게 된다.

'점화 효과 Priming effect'란 말이 있다. '시간적으로 먼저 제시된 자극이 나중에 제시된 자극의 처리에 영향을 주는 현상'을 나타내는 심리학 용어이다. 먼저 제시된 단어를 '점화 단어 Prime'라고 하고 나중에 제시된 단어를 '표적 단어 Target'라고 하는데, 예를 들어 table이라는 단어를 먼저 보여준 뒤 tab를 제시하고 그다음을 채우게 하면 table이라고 대답할 확률이 미리 제시하지 않은 경우보다 높아진다는 얘기다. 오직 단어만일까.

아니다. 보이는 모든 것이 그러하다. 내가 처음 누군가에게 A로 보였다면 그 누군가는 나를 생각할 때 A 혹은 A' 혹은 A" 등으로 인식할 것이다. 갑자기 B나 C, 혹은 X, Y, Z로 보는 건 어려울 테다. 이쯤에서 '나는 상대방에게 어떤 점화 효과를 주고 있는가'를 한번 생각해보는 건 어떨까 싶다.

말, 글, 그리고 눈으로 보이는 누군가의 모습만이 점화 효과의 대상이 되는 건 아니다. 귀로 들리는 것, 코로 맡는 것, 손으로 접촉하는 것 등 모든 것이 다음의 내 모습을 규정해버리는 경우가 허다하다.

"그에게서는 언제나 비누냄새가 난다."*

《젊은 느티나무》라는 소설의 유명한 첫 문장이다. '비누냄새가 나는 그'가 테니스를 치고 물 한잔을 나누는 모습마저도 주인공 소녀에겐 청량하고 풋풋한 분위기로 각인된다. 점화 효과가 후각에 작용하는 좋은 사례다. 비누냄새가 아니라 '언제나 상한 빵 같은 냄새가 났다'면? 이 사랑이야기의 향방은 어찌 되었을지 모르겠다. 향은 그만큼 중요하다.

이뿐이랴. 기업의 영역으로 넘어가면 고객의 후각을 지

배하기 위한 점화 효과는 더욱 중요해진다. 혹시 '책향冊香'이라는 브랜드를 아는가. 교보문고가 향기 마케팅 일환으로 개발한 시그니처 향이다. 'The Scent of Page'라는 상품으로 시중에 선보였다.

시트러스, 피톤치드, 허브, 천연 소나무 오일을 교보문고만의 방식으로 만들어낸 향인데 방문객들이 교보문고 매장에 왔을 때 울창한 숲을 거니는 듯한 내음 속에서 책을 읽고 둘러보기 편안한 느낌을 주려는 아이디어에서 시작되었다고 한다.

놀라운 건 이 제품이 출시 이후 품절 사태를 겪었다는 일이다. 교보문고 홈페이지에는 구입 수량 제한, 조기 품절 등의 공지가 올라왔으며 인터넷에서는 아예 구매가 불가하여 오프라인 매장 몇 곳을 지정해서 팔기도 했다.

물론 이렇게 구입한 사람 중에는 나도 포함되어 있다. 귀가하여 현관문을 열었을 때 은은하게 느껴지는 '책향'은 마음을 편안하게 해준다. '일터'에서 '책터'로 '공간이동'을 한 느낌이 꽤 괜찮았다.

'향기 설계'라는 말이 있다. 특급 호텔은 아예 자기 호텔만의 향을 만들기 위해 애쓴다고 하지 않은가. 호텔뿐 아니라 교보문고가 '교보문고 향'을 만든 것처럼 언젠가는 '삼성 향', 'LG 향'이 한 브랜드, 한 기업을 말해주는 이미지가 될 수 있다.

기업 브랜드를 만드는 것은 눈에 보이지 않는 향기를 포함하는 광범위한 작업이다. 개인이라고 해서 다를까. 철저히 혼자 구축해야 할 '나브랜드'이므로 더욱 이 작업을 소홀히 할 수 없다.

혹시 당신이 중년 남성이라면, '남자가 무슨 향수야?'라고 멋쩍어 하는 사람이라면, 팁 하나를 드리면서 이야기를 마무리하고자 한다. 가까운 곳에 '올리브영', '롭스' 등 헬스&뷰티 스토어가 있을 것이다. 그곳에 간다. 그리고 분주하게 일하는 점원 중 한 명에게 다가가(가능하면 인상 좋으신 분으로) 이렇게 말하면 된다.

"향수를 처음 써보려고 하는데요. 추천 부탁드립니다."

그럼 된다. 단, 가능하면 당신의 코를 믿지 말고 일하시는 분의 코를 믿을 것. 당신이 향수를 사용하는 이유는 당신의 기분을 좋게 하기 위함이 아니라 나를 바라보는 상대방의 기분을 좋게 하려는 것이니 말이다.

Q **지금 당장,**

향수를 하나 살 것! 단, 사랑하는 사람에게 당신과 어울리는 향을 골라 달라 할 것!

Me, good SNS & story!

13

/

발품 아닌
손품시대

글스타그램을 아는가?
권혁정을 아는가?

#평범한직장인의말에귀를기울이는사람들
#매크로시대가가고마이크로의시대가왔다
#소통의양과질이나브랜드를만든다

최근 서점에 들렀다 놀란 기억이 있다. 업무에 관한 책은 머리 아프고, 가볍게 에세이나 읽을까 해서 문학 코너엘 갔는데, 꽤 많은 책들이 한 페이지에 몇 줄 안 되는 짧은 글귀로 이뤄진 것을 보고 적잖이 당황했다.

책의 홍보에 따르면 이 글을 50만 독자, 120만 독자가 봤단다. 알고 보니 인스타그램 등 SNS에서 수만 팔로워를 이끌고 있는 사람이 자기 계정에 한 줄씩 올리고 '좋아요'를 받았던 글을 책으로 낸 것이었다. 요즘 서점가에서는 이러한 '글스타그램'을 모은 책이 큰 인기를 끌어, 20대 초반의 친구들도 베스트셀러 작가 반열에 들고 있다고 한다.

'인플루언서Influencer'라는 단어를 아는가. '영향을 주는 사람들', 위처럼 인스타그램이나 유튜브 등의 SNS에서 영향력과 파급효과를 미치고 있는 개인을 말한다. 인플루언서는 '인기 BJ', '파워 블로거', '파워 인스타그래머' 등 콘텐츠를 제작하는 창작자로서 자신의 이야기에 다수의 사람들이 귀 기울이게 하는 데 성공한 사람들이다.

우리는 인플루언서가 될 수 있을까. 평범한 대학생, 평범한 직장인, 평범한 아저씨, 평범한 아가씨, 평범한 실업자

등인 우리가 누군가에게 영향력을 주는 '나브랜드'로 세상에 나설 수 있을까. '도대체 누가 나와 같은 사람의 이야기를 들어줄까?' 하고 의심이 드는가. 그에 대한 답을 이렇게 드리고 싶다.

"그렇다. 나 그리고 당신의 이야기를 듣고 싶은 사람은 있다. 그것도 꽤 많이!"

인플루언서 중에서도 1만 명 이하의 팔로워를 보유한 사람을 '마이크로 인플루언서'라고 한다. 최근엔 수십, 수백만 명의 팔로워를 보유한 유명인보다는 오히려 이런 '마이크로 인플루언서'가 마케팅 현장에서 스포트라이트를 받고 있다. 우리는 그들의 인기 비결과 이유에 대해 파헤쳐봐야 한다. 아무것도 가진 게 없다고 느끼는 당신과 나 같은 사람에게 '나브랜드'에 대한 중요한 힌트를 주기 때문이다. 혹시 권혁정이라는 분을 아는가.

평범한 대학생이었던 권혁정 씨는 2015년 우연히 대학잡지의 표지 인물로 발탁된다. 그전엔 가끔 피팅 모델로 용돈벌이를 했고 인스타그램 팔로워 수는 2000명 남짓이었다. 그의 일상은 표지 모델에 선 이후 180도 바뀌었다. "스마트폰으로 갑자기 엄청나게 연락이 왔고 순식간에 방전돼 충전하고 다시 켜면 팔로워 수가 1000명씩 늘어날 정도"였다. 그의 SNS가 영향력을 늘려가자 업계에서는 광고 제안을 쏟아냈고 '권혁정 크림', '권혁정 수영복', '권혁정 인공눈물' 등 제품에 그의 이름이 붙었다.•

그는 말한다. "SNS가 없었다면 나는 여전히 일반인 혹은 무명 모델로 활동하고 있었을지 몰라요"라고 말이다.

우리는 지금 SNS를 어떻게 사용하고 있는가. 책을 좋아하고 하루의 감상을 꾸준히 올리던 유저가 출판계의 스타 작가가 되고, 아르바이트를 뛰던 대학생이 서로 앞다퉈 찾는 광고모델이 되듯, SNS는 마케팅이 포화된 지금 세상에서도 여전히 자신을 알리는 데 유효한 도구다.

남들이 아직 나를 전혀 몰라준다고 낙심하고 있을 이유가 없다. 세상은 나를 절실히 원하고 있을지도 모르니 말이다. 단, 나만의 영역을 찾아내어 집요하게 실행하는 의지는 필요하다. 이를 위해선 몇 가지 알아야 할 점이 있어서 정리해본다.

첫째, 나의 영역을 확정해야 한다.

넓은 범위보다는 좁지만 깊은 범위의 키워드를 하나 잡는 것도 괜찮겠다. '강아지'라는 키워드보다는 '닥스훈트'라는 키워드가 구체적이어서 눈에 띈다. 사람들은 내가 알고 싶은, 내가 관심이 있는 주제에 대해서 많이 알고 있는 사람, 이미 경험한 사람을 찾는다. 굳이 처음부터 큰 주제를 다루려고 애쓰지 말자.

둘째, 팔로워와의 끈끈한 소통을 잊어선 안 된다.

마이크로 인플루언서로서 팔로워들의 각종 질문이나 댓글에 열심히 답변을 다는 일에 소홀해서는 곤란하다. 소통으로 다져진 친밀함은 팔로워들에게 더 직접적인 영향력을 행사하는 좋은 '원료'가 된다.

작은 쇼핑몰을 운영하게 되었다면 회원들의 구매후기에 "○○ 님, 블라우스 넘 예뻐요. 앞으로 더 좋은 제품으로 보답할게요", "다음번엔 구매하시면 저에게 쪽지 보내주세요. 화장솜 세트 하나 보내 드릴게요" 등의 댓글을 달아주는 건 기본이다. 팔로워가 10만이 넘는 한 주부 인스타그래머는 자신의 팔로워 수 확장 비결에 대해 단 하나를 말했다. '손품을 파는 것'. 그는 '맞팔'을 열심히 하고, 댓글에

'재댓글'도 열심히 달고, '좋아요' 많이 눌러주는 것만큼 중요한 게 없다고 했다.

셋째, 높은 신뢰도를 쌓아야 한다.

오로지 광고를 위한 광고만을 해선 곤란하다. 신뢰성이 중요하므로 아는 분야에 한해, 검증된 것을 소통할 수 있어야 한다. 누군가의 의뢰로 제품을 추천하더라도 단점에 대해 솔직히 — 그러나 정중하게 — 얘기할 수 있어야 한다. 우리가 어느 상품을 구매하기 전에 검색을 통해 찾아볼 때 '솔직후기', '내돈내고먹은' 등의 수식어에 혹하는 것도 바로 이 신뢰도와 관계가 있다.

자, 이쯤에서 자기 자신에게 다시 물어보도록 하자. 정말 우리의 이야기를 들어줄 사람은 없을까? 아닌 것 같다.

평범한 대학생인 당신에겐 대학 생활에 대한 궁금증을 가진 고등학생이 귀를 열고 기다리고 있을 것 같다. 평범한 직장인인 나에겐 회사 생활의 고단함을 이겨내는 나만의 방법에 관심 있는 누군가가 있을지도 모른다. 평범한 실업자인 누군가에게도 그가 어떻게 하루하루의 시간들을 보내고 있는지 궁금해 하는 취업 준비생들이 기다리고 있을

지도 모른다.

그러니 '나브랜드'를 거창하게 생각하지 말자. 내가 갖고 있는 경험에 대한 치밀한 관심, 관찰, 그리고 개선의 노력만으로도 얼마든지 세상의 선택을 부르는 '나브랜드'를 만들어낼 수 있다. 나의 전문성, 나의 차별성을 친밀하게 상대방에게 알려주려는 열망이 강하다면, 상대방과의 유대관계를 잘 유지하려는 노력만 있다면, 우리도 얼마든지 꽤 괜찮은 '영향력'을 형성할 수 있다.

◯ **지금 당장,**

오늘 올린 포스팅이나 댓글 중에 '나브랜드'를 위해 쓴 것은 몇 건인가? 확인해보라.

14

/

SNS라는
최강의 브랜딩 도구

내 집 꾸미듯 SNS에도
인테리어는 필요하다

#스타가되고싶지않다면아무렇게나SNS해도됨
#SNS는일단삭제하고다시시작하는것이정답
#이책을쓰고있는김범준의페이스북친구는딸랑세명

빠를수록 좋다.

　지금, 당장이면 더욱 좋다.

　당신의 모든 SNS 계정을 삭제하라. 단, 아래의 두 가지 모두에 당신이 해당된다면 그대로 두어도 된다.

　1) 현재 나는 유명한 사람이 아니다.
　2) 미래에 나는 유명해지고 싶지 않다.

　당신이 현재 유명한 사람이 아님에도 미래에 유명해지고 싶은 계획조차 없다면, 즉 '나브랜드'를 만드는 것이 불필요하다면—그런데 이 책을 왜 읽고 있는가?—당신 SNS를 갖고 무얼 하든지 상관 않겠다. 그렇지 않다면, '나브랜드'를 만들고 싶은 당신이라면, SNS를 '리셋^{Reset}'하라.

　지금까지 당신의 SNS 계정에 올린 모든 게시물은, 이런 말 심하다고 생각하겠지만, 어차피 '쓰레기'다. 계획 없이 시작된 SNS 게시물은 당신의 가치를 떨어뜨렸고 떨어뜨리고 있으며 앞으로도 떨어뜨릴 것이다. 인생에 마이너스인 SNS를 그대로 놔두는 건 '나브랜드' 관점에서 봤을 땐 기간을 유예한 자멸 행위일 뿐이다. SNS가 당신의 발목을 잡을

지도 모르는 상황이라면, 언제든 마이너스로 작용할지도 모르는 상황이라면 불안해하느니 계정 삭제가 답이 아닐까.

삭제했는가?
자, 이제 다시 SNS를 '리빌드^{Rebuild}'할 차례다.

내 계정을 어떻게 재구축할 것인가.
일단 마인드부터 바로잡고 시작하자. 위에서 말했던 것을 거꾸로 생각하면 된다.

1) 현재 나는 유명한 사람이 아니다.
2) 미래에 나는 유명한 사람이 될 것이다.

이 두 가지 생각을 정확히 염두에 두고 브랜딩 전략 차원에서 SNS를 설계하라. SNS는 바로 나의 이미지다. 사는 장소에 대해 생각해보라. 당신은 어디에 살고 싶은가. 어떻게 살고 싶은가. 아무 곳에서나 아무렇게나 생활하며 살고 싶은가. 아닐 것이다. 괜찮은 곳에서 괜찮은 모습으로 살아야 한다. 당신이 사는 장소를 보고 당신을 평가하는 사람이 세상엔 의외로 많다. 그들의 생각은 편협하지만, 우리는 그

점을 역으로 이용할 줄 알아야 한다.

SNS는 '가상의 나'가 사는 장소다. 내가 사는 장소를 '아무렇게나' 세상에 보여주면 안 된다. SNS는 내가 어떻게 살고 있다는 것을 보여주는 공간인 만큼 나의 SNS 계정은 괜찮은 곳이어야 하며, 내가 SNS 계정에서 말하는 것들은 속된 말로 '있어 보여야' 한다.

안타까운 식당이 있다. 세상 모든 것을 팔 것 같은 기차역 앞, 혹은 버스터미널 부근에 있는 많은 식당들이다. 어떤 식성을 가진 사람이 들어올지 모른단 이유로 김밥, 라면부터 청국장, 된장찌개를 거쳐 회덮밥과 불고기 백반까지 파는 음식점 치고 맛있는 곳은 드물다. 모든 국물에서 동일한 감칠맛이 나는 음식을 먹고 나면 입안 전체가 텁텁해지는 느낌에, 식당을 나서며 이런 음식을 뱃속에 집어넣은 나 자신을 원망한다. 마찬가지다. '나브랜드' 역시 잡다해선 곤란하다.

우선 하나의 키워드를 잡아서 스토리를 만들어나가야 한다. 처음부터 독서, 음악, 영화, 맛집, 육아용품 등 모든 것에 관심을 두고 게시물을 올리는 건 '나브랜드' 포기를 선언한 것과 같다. 포털은 아무나 하는 게 아니다. 네이버나 카카오가 하는 일이다. 이것저것 다 끌어다놓은 포털이 아니라 작더라도 내가 진심으로 관심을 갖고 있으며 또 세상 사람들 역시 나의 관심사에 흥미를 가질 만한 무엇인가를 찾아내어 SNS를 시작해야 한다.

  SNS는 '내 마음대로의 나'가 존재하는 곳이 아니다. 나의 있는 감정 없는 감정 모두를 함부로 끼적거리는 배설구가 아니다. SNS는 '나브랜드'를 위해 나의 역량과 가능성이 투자되어야 하는 의미 가득한 공간이다.
  SNS는 내가 성실한지, 게으른지, 누구와 만나는지, 관심사가 무엇인지 등을 세상에 낱낱이 공개한다. 나를 보여주는 곳이기에 아무렇게나 생활하는 나의 모습을 굳이 올리려고 하지 말아야 한다. 셀카 하나라도 전략적으로 찍어야 한다. 동영상 하나도 나의 가치에 어떤 영향을 줄지 정확히 아는 마인드가 필요하다.

  SNS가 '나브랜드'의 성장에 결정적 요소임을 확인했다면 이제 무엇으로 유명해질 것인지에 대한 선택과 어떻게 유명해질 것인지에 대한 계획이 뒤따라야 한다.

당신이 직장인이라면, 마케팅 부서에 있으면서 늘 숫자를 만지고 살아야 한다면, '숫자에 관한 SNS'를 만드는 건 어떨까. 숫자를 보는 법, 숫자가 어떻게 움직이는지를 통찰하는 법을 하나하나 적어 내려가는 것이다. 당신이 숫자를 잘못 봄에 따라 생겼던 낭패와 같은 실패담은 더욱 좋다. 잘난 점 말고 못난 점도 아낌없이 게시물에 올려라. 당신이 한 회사의 영업사원이라면 자신의 영업 실패담과 성공담, 영업을 다니며 느낀 단상을 올리는 SNS를 만드는 건 어떨까.

오직 하나의 키워드만 잡아서 줄기차게 글이나 사진을 올리기를 권한다. 세상에 보탬이 되는 긍정적인 이야기라면 매일 한 문장을 올리는 것만으로도 충분하다. 꾸준하게 그것들을 쌓으면서 '팬덤'도 생기고 '나브랜드'의 차별화 포인트도 만들어진다.

일본의 한 안경점 인스타그램이 생각난다. 열이면 열 제품사진을 멋지게 찍어 올리는 데 집중하는 일반적인 쇼핑몰과는 다르게, 주인장이 손 그림을 발휘해 귀여운 캐리커처 캐릭터가 안경을 소개하는 '컨셉Concept'을 잡았다. 제품에 밀착된 친근한 스토리가 사람들을 끌어모아 굳이 이곳에서 안경을 맞추겠다는 고객이 전국 멀리서도 오곤 한단다. 아래에 접속해보라.

https://www.instagram.com/matoioptical/

참고로 이렇게 말하는 나는 SNS 계정을 거의 사용하지 않는다. 페이스북의 친구라곤 딸랑 세 명이 전부다. 내가 관심 있는 분야의 전문가 혹은 내가 좋아하는 독서와 관련 있는 사람들이다. 카카오스토리? 사용하지 않는다. 인스타그램? 아마 계정은 있을 것이다. 하지만 사진 한두 장 올리고 스마트폰에서 앱을 삭제해버렸다. 밴드? 어쩔 수 없이 해야 하는 것 서너 개 이외에는 모두 탈퇴해버렸다.

이유는 두 가지였다. 첫 번째는 수없이 많이 업데이트되는 글들이 나를 혼란하게 하기 때문이다. 나는 '멀티'가 안 된다. 회사에선 업무만 할 수 있고, 집에서는 책을 읽고 글을 쓰는 것만 한다. 집에서 회사 업무를 하는 것, 회사 점심시간에 책을 읽는 것, 불가능하다. 이런 나이기에 시도 때도 없이 삑삑대는 SNS의 알림은 나에게 스트레스다.

두 번째로는 자신이 없었다. 자신이 없다니? 나는 SNS를 통해 유명해지고 싶지 않았다. 그냥 책을 읽고 책을 쓰며 가끔 누군가와 나의 관심 주제를 폐쇄된 공간에서 얘기하는 것으로도 대만족이다. 내가 쓴 원고를 책으로 만들어주는 출판사에서야 불만이겠지만—페이스북 친구가 수천 명, 수만 명이라면 책 판매에도 도움이 될 테니까—나는 그런 '깜'이 되지 않음을 알고 있기 때문이다.

자, 지금 선택은 당신의 몫이다.

○ 지금 당장,

페이스북 계정 하나 더 만들기, 단, 스스로 원하는 자기 미래의 모습을 생각한 후 게시물을 올리기 시작할 것!

15

초단기 취업특강!

**스튜어디스와 강철체력의 상관관계를 모른 상태에선
면접장에 들어가지 말라!**

#면접필수나만의스토리만드는법
#약한몸을예쁘게봐주는그어떤회사도세상엔없다는거
#내가생각하는것과그곳이생각하는것이다름에서불행시작

누군가에게 면접에 대한 조언을 했고, 그 조언 덕인지 단언할 수 없지만, 입사에 성공하게 만든 경우가 몇 번 있다. 그중 하나의 사례다. 요약하면 '선입견을 역으로 이용하는 전략'을 제안했고 이를 받아들인 취업준비생이 합격했던 일이었다.

스튜어디스에 지망한 여성분이셨다. 당시 한창 광고로 주가를 올리던 이영애를 닮았다고 주위에서 말하는 외모에, 통속적이긴 하지만 '스튜어디스' 하면 우리가 머리에 떠올리는 이미지를 그대로 지닌 분이었다.

그런데 그에겐 고민이 있었다. 한국 최대의 국적기 회사 스튜어디스에 2년간 응시했지만 계속 떨어졌던 것이다. 그것도 최종 면접에서 말이다. 다른 회사의 스튜어디스는 아예 생각을 하지 않는다고 했다. 잠시 대기업의 비서실에 근무하면서 재응시를 준비했다. 나이 제한에 걸리기 때문에 마지막이 될 단 한 번의 기회, 그는 꼭 합격하고 싶다고 말했다. 나에게 상담을 요청해왔다. 그의 구구절절한 얘기를 듣던 나, 잠시 말을 끊고 질문했다.

"그런데 스튜어디스가 하는 일이 뭐죠?"

'무슨 소리를 하는 거지?'라고 고개를 갸웃하더니 바로 "고객이 편안하게 목적지에 도착하실 수 있도록 도와드리는 거죠"라고 대답한다. 모범답안을 말하는 것처럼 금방 답이 나왔다. 그래서 바로 물어봤다. "도움이라고 하셨는데 어떤 도움들을 고객에게 주는 건가요?" 잠시 생각하던 그 친구는 "안전하게 도착할 수 있도록 안전벨트 등 착용 잘 하게 해드리고, 짐도 들어서 짐칸에 올려드리고, 음식물 서비스도 해야 하고, 우는 아이가 있으면 잘 달래도 드리고…" 다시 말을 중간에서 끊었다. 그가 면접에 통과할 만한 말 한마디가, 그만을 위한 '나브랜드' 전략이 머리에 떠올랐기 때문이다.

"체력으로 하죠."

눈이 동그래진 그의 모습을 보며 이렇게 말했다.

"스튜어디스는 예쁜 모습을 보여주려고 있는 사람들이 아니잖아요. 승객들의 불편함을 덜어주고 최대한 편하게 해드리려고 하는 분들이죠. 그렇다면 그 역할을 잘할 수 있어야 할 텐데 결국 몸이 건강해야 하는 거 아닌가요? 체력이 약한 사람을 뽑고 싶은 항공사는 하나도 없을 겁니다. 이번 면접에서는 키워드를 '체력'으로 하고 응해보세요."

난감해하는 그에게 그냥 대사를 적어줬다.
최종 면접용 대사를 말이다.

"스튜어디스는 그저 단정한 용모와 친절한 웃음만으로 때워버리는 일을 하는 사람들이 아닙니다. 그 무엇보다도 먼저 비행기에 들어가고 가장 마지막으로 나오며 항상 움직여야 합니다. 시차가 수시로 바뀌는 직업이며 갑작스런 비행을 기다리기도 할 것입니다. 이를 잘 해내려면 체력이 강해야 한다고 늘 생각했습니다. 저는 그 누구보다도 체력 하나는 자신 있습니다. 취미는 수영이며, 가입한 인터넷 동호회는 마라톤 동호회입니다. 학교 다닐 때도 편의점에서 야간 알바를 몇 개월간 무리 없이 해봤기에 시차에 적응하는 것 정도는 그리 문제가 되지 않습니다. 잘할 수 있습니다."

당신이 면접관이라면 뽑고 싶지 않을까.
그분, 합격했다.

국가에서 대통령이 되고 싶다면 국가란 무엇을 하는 곳인가에 대한 고민을 한 후에 대선 후보로 나서든지 말든지 해야 할 것이다. 직장에서 리더 로드맵을 잘 밟고 싶다면 회사란 어떤 곳인가에 대한 개념이 먼저 확인되어야 한다. 한 모임에 가입했다면 그래서 그곳을 이끌고 싶다면 그 모임이 원하는 구성원은 어떤 모습인지를 살펴보고 활동해야 한다.

이때 국가, 직장, 모임 등이 어떤 곳인지에 대한 대답은 '구체적'이어야 한다. 그리고 그에 대해서 내가 무엇을 할 수 있는지를 말할 수 있어야 한다.

국가란 무엇인지 모르기에 국가 공무원이 되면 복지부동을 자신의 생활신조로 삼는다. 회사가 어떤 곳인지를 모르기에 회사에서 자신을 사랑해줄 누군가를 찾고 따뜻한 정을 느끼려고 애쓴다. 모임이 뭐하는 곳인지를 모르기에 어느새 왕따가 되어버린 자신을 외면한 채 타인에게 불쾌감만 준다.

우리는 나를 나타내려고만 하지 나를 필요로 하는 상대방이 무엇을 원하는지 고민하는 것에는 소홀한 경우가 많다. 내가 가진 모든 것을 보여주려고만 하지, 내가 가진 것

중에 무엇을 버려야 상대방이 나를 선택하는지에 대해 고민하지 않는다.

면접에서든 일에서든 나만의 스토리를 만든다는 것은 그동안 흘러간 나의 일상과 경험을 목적에 맞게 편집하는 일이다. 그러려면 내가 가진 것 중에서 '상대방이 필요로 하는 것'을 추려내는 뺄셈 전략이 답인데, 우리는 반대로 가진 것보다 더 많은 것을 더하고, 곱해서 결국엔 아무것도 아닌 것이 되어버린 나를 상대방에게 알리는 경우가 허다하다.

나를 알려야 하는 필요가 절실할수록 상대를 이해하는 데 집중해보자. 무엇을 하는 곳인지, 어떻게 해야 그곳에서 일어나는 현실적인 일들을 극복할 수 있을지에 대한 답을 늘 고민해야 한다.

'~을 해야 한다'는 목표는 보통 알고 있다. 하지만 그 목표를 위해 어떻게 해야 할 것인가에 대한 질문이 부족한 경우가 많다. 그 상태로 아무리 시간과 노력을 투자해봐야 나의 생각과 그곳의 마음이 다른데 어떻게 내가 선택될 것이며, 또 선택된다고 해도 어떻게 버텨낼 수 있을 것인가.

내가 속할 곳에 대한 제대로 된 개념 없이 그곳에서 생존할 수 없다. 아니 그곳에 진입하기도 힘들다.

'빠'라는 말을 싫어한다. 하지만 내가 속해야 할 그곳의 '빠'가 되어야 함은 일종의 예의일 수 있음을 기억하길 바란다. 삼성에 다니길 원한다면 '삼성빠'가 되는 건 예의다. 삼성으로부터 선택을 받았다면 삼성이라는 회사의 필요와 내가 해야 할 직무에 대해 집요하게 공부할 마음가짐이 있어야 마땅하다. 삼성에 다니는 사람'답게' 말하고 행동해야 한다.

'답다'는 건 나를 선택한 누군가에게 행해야 할 기본적인 태도다. 그걸 자존심 상하는 일이라고 생각한다면 다른 직職이나 다른 업業을 선택하는 게 낫다. 가능하면 빨리. 그게 당신과 당신을 선택한 누군가 모두에게 행복한 일이기도 하다.

모든 사람이 나를 좋아할 것이라는 허황된 기대를 내려놓자. '저 친구는 아직 잘 모르겠는데?'라는 평가를 받는 사람이 왜 내 진가를 몰라주냐고 불평만 해봐야 객관적 자기평가에 실패한 사람의 넋두리일 뿐이다. 상대방에게 그럴

듯하게 나를 포장하고 싶다면 내가 나를 납득하는 방식이 아니라 상대방에게 납득되는 방식으로 스토리를 만들 수 있어야 한다.

상대방을 설득할 수 있는 이야기를 갖고 상대방 앞에 나서야 귀를 기울여준다. 아무도 찾지 않는 곳에서 홀로 아무리 나를 드러내봐야 나의 목만 아플 뿐임을 기억하자.

Q 지금 당장,

'내가 무엇인가를 얻어내려는 곳'이 굳이 '나를 선택해야 하는 이유'를 하나만 말해보자. 구체적으로!

16

간결하게
말하는 연습

구구절절 늘어놓으면
지루할 뿐이다

#다른어른이라도대화법을배워야하는이유
#몇번을강조해도부족한버리기의기술
#할말없을땐할말만짧게

이제는 비교적 잠잠해졌지만 지난 수년 간 우리는 '스티브 잡스'의 그늘에서 벗어나지를 못했다. 마케팅도 스티브 잡스처럼, 디자인도 스티브 잡스처럼, 창의력도 스티브 잡스처럼, 심지어 인문학도 스티브 잡스처럼. 가능하면 스티브 잡스를 인용하지 않으려 했지만 차별화와 관련해서 스티브 잡스의 사례를 언급하지 않을 수 없는 현실을 이해해주시기 바란다. 그의 프레젠테이션은 감탄을 자아낸다. 오래 전의 동영상이었던 것 같다. 그가 엠피쓰리MP3를 설명하는 무대였다. 강렬한 인상을 받은 건 그의 운동화나 터틀넥, 청바지 때문이 아니었다.

그는 몇십 분 동안 상품의 컨셉 중 단 하나에만 집요하게 매달렸다. 그건 바로 '작음', 즉 'small'에 관한 것이었다.

다른 건 아무것도 말하지 않았다. 자기 회사 제품이 작다는 것을 이미지로 보여주기 위해 청바지의 동전 주머니를 화면으로 클로즈업 시킨 후, 청중에게 "과연 이 포켓은 무슨 용도로 있는 걸까요?"라는 물음을 던진다.

사람들이 무슨 소리를 하는 건지 궁금해하는 순간 그는 동전 주머니에서 자기 회사의 엠피쓰리 플레이어를 꺼낸다. 얼마나 가벼운지, 얼마나 작은지를 잠깐 설명한다.

그 후에도 그는 오직 '작다'라는 컨셉 하나만 주구장창 물고 늘어졌다. 당시 세계 1위 시장 점유율을 갖고 있던 우리나라 엠피쓰리 플레이어 회사의 것은 물론 해외 유수 업체의 그것들을 모두 끄집어내었는데 비교의 기준은 단 하나, 오직 '얼마나 작은가!'였다. 타사의 상품에 비해서 얼마나 작고, 얼마나 가벼운가에 대해서만 그는 악착같이 말했다.

얼마 후 한국의 어느 회사에서 동종 상품을 출시했다. 기능은 월등했던 기억이 난다. 마침 그 회사의 임원이 나와 상품을 설명하는 것을 보게 되었다. 실망했다. 새로운 기능에 대해 이런 저런 얘기를 했다. 작고 가볍고 잘 들리고 조절이 쉽고 색상이 다양하고 등을 모두 얘기하는 데 30분 이상이 걸렸다.

하지만 스티브 잡스의 프레젠테이션과 비교하면 완패였다. '장황함'과 '간결함'의 싸움에서 사람의 마음을 사로잡은 건 간결함이었다. 소비자와 제품의 거리를 좁힌 건 최신의 기능과 현란한 프레젠테이션이 아니었다. 핵심에만 집중하는 집요함이었다.

나를 소개하는 자리에서도 간결하고 짧은, 임팩트 있는

Me, good SNS & story!

말 한마디가 상대방을 사로잡는다.

오래 전에 내가 겪은 일이 기억난다. 다니는 직장의 혁신 커뮤니티에 한 명의 구성원으로 참여하게 되었다. 약 20명이 넘는 사람들이 회의실에 모였다. 잠시 후 리더가 입장했고 이런 저런 의견들을 나누었다.

중요한 의제를 하나 뽑아서 얘기하다가 각자 자신의 생각을 돌아가면서 말하는 시간이 되었다. 다른 사람들은 너무나 간단히 말을 끝냈다. 이상했다. '자신을 PR 할 수 있는 좋은 기회인데 왜 저렇게 짧게 말을 할까?'라는 생각이 들었다. 내 차례가 왔다.

"저는 이 혁신 커뮤니티에 들어온 것을 영광으로 생각합니다. 현장에서 느낀 모든 것에 대해 여러분과 함께 생각하고 싶습니다. 저는 지금 영업사원으로 현장을 누비고 있습니다. 현장에서 모든 것이 나온다고 생각합니다. 고객을 모시는 영업사원으로서 회사의 혁신을 위해 함께하겠습니다. 현재 저는 ○○ 고객을 모시고 있습니다. VIP 고객 중에서도 VIP 고객입니다. 잘 모셔서 올해도 꼭 제 개인적인 성과를 달성하도록…"

이쯤에서 나는 말을 끊을 수밖에 없었다. 왜? 모임을 이끄는 리더로부터 이야기를 멈추도록 요청 받았기 때문이다. 나는 말이 많았다. 굳이 성과까지 말할 이유는 어디에도 없었다. 나는 착각했다. 많은 말을 해야 한다고, 그래야 내가 돋보인다고, 차별화가 된다고 말이다. 오해였다. 나는 이렇게 말해야 했다.

"저는 현재의 프로세스에 대해 긍정적입니다. 사업부서와 영업부서를 이어주는, 그래서 궁극적으로는 영업사원들의 시간을 아껴주는 시스템이 될 것이라 생각합니다."

핵심만 간단히, 단 핵심만은 빼지 않고 말하라. 중요한 것을 제외한 나머지는 버리는 용기, 그게 나를 바라보는 사람들과의 거리를 좁히는 차별화의 시작임을 기억하자.

○ 지금 당장,

말할 자리가 생겼는가. 하고 싶은 말을 전부 머릿속에 떠올리고 '그래서 결론이 뭔데?'에 대한 대답만 꺼내보자.

17
/
수식어
전쟁

한번 일등급은
끝까지 일등급이다

#이름이가치를결정해버림
#루이비똥은루이비똥이고짝퉁은짝퉁이고
#브랜딩전쟁에참전할준비가되었는가

와인을 배운 적이 있다. '무슨 와인을 돈 주고 배우나? 그냥 사서 마시면 되지?'라고 의문이 들 수도 있겠으나 그냥 사 마시는 것과는 다른 매력, 특히 와인을 매개로 누군가와 함께 이야기를 나누고 느슨한 자신을 드러내는 공간 그 자체의 분위기가 좋았다.

무엇보다 나름대로 최고의 선생님을 모시게 되어 배우는 시간 내내 흥미가 끊이질 않았다. 3개월에 걸친 주 1회 총 12회의 수업을 한 번도 빼먹지 않고 개근한 것도 아마 그 선생님의 '와인 내공' 덕분이지 않았나 싶다.

가끔 수업시간에 배운 이야기들이 여전히 머리에 남아 삶의 지혜로 삼은 것들도 꽤 된다. 예를 들어 선생님이 해주신 이런 얘기다.(참고로 이분은 학생들에게 반말을 기본으로 하셨다. 아무도 이에 이의를 달지 않았다)

"얘들아, 그거 아니. 프랑스 와인은 '명칭이 존재를 결정한다'는 거 말이야. 현재 프랑스 최고 등급의 와인들은 1856년에 결정되었고 그게 지금까지 쭉 이어져왔어. 그 가격들은 알다시피 어마어마하지. 많은 사람들이 의문을 품어. 그 와인들이 과연 그만큼의 값어치를 하나? 아니지. 오히려 맛으로는 이미 그 와인을 뛰어넘는 와인도 꽤 많아.

하지만 한번 최고 등급을 받은 와인은 그 자체로 최고라는 존재적 가치를 유지하고 있지."

그분은 이어서 말했다.

"프랑스 와인은 한번 일등급이면 끝까지 일등급이야."

선생님께서 아는 것만큼이나 속된 말로 '구라'에도 일가견이 있는지라 위의 말들이 모두 팩트인지는 알 수 없다. 하여간 선생님이 하신 말씀 중 '한번 일등급이면 끝까지 일등급'이라는 말은 — 얼핏 듣기엔 속이 편하진 않았지만 — 꽤 오랫동안 사회생활을 해온 나에게도 깊은 인상을 남겼다. 아마도 '세상은 그런 곳'이라는 파악에 상당 부분 동의하기 때문일 거다.

비슷한 얘기를 또 다른 장면에서 본 적이 있다. 우연히 대입 수험계의 '일타강사'라는 사람의 현장 강의가 유튜브에서 돌아다니는 것을 보게 되었다. 그분은 소위 '명문대 인기학과' 출신이었다. 그런 그가 수업 중에 학벌의 중요성을 학생들에게 이렇게 설명하고 있었다.

"명문대를 나오니 편한 점이 있어. 어디에서 얘기할 때 굳이 '내가 똑똑하다'라는 말을 하지 않아도 된다는 거야. '나 어느 대학 나왔소'라고 말하면 사람들이 알아서 '아, 좋은 대학 나왔군요' 하는 건 물론, 일단 똑똑한 사람으로 대접을 해주더라고."

다시 와인을 가르친 선생님의 말로 돌아가보자. 그는 '한번 일등급이면 끝까지 일등급'이라는 프랑스 와인의 냉정한 세계를 말하면서 이렇게 덧붙였다.

"루이비똥은 영원히 루이비똥이고 짝퉁은 영원히 짝퉁이다."

세상에 처음 나서는 '나브랜드' 앞에 어떤 수식어가 붙는지, 그 중요함은 이루 말할 수 없다. 내 이름 앞에 붙는 것이 오리지널인지 아니면 짝퉁인지, 최초인지 아니면 제2의 누구인지 등 어떤 말이 붙는지가 내 평생의 사회 활동에 영향을 끼치기도 한다.

때로는 단 하나의 수식어가 기나긴 스토리 그 이상의 말을 해준다. 따라서 내 이름에 어떤 수식어가 붙여질 것인지

고민하고 관리해야 하며, 이는 집요하고, 창조적이며, 인내심이 필요한 작업이다. 와인 얘기를 통해 이를 설명해보도록 한다.

프랑스 와인 중에 '샤또 무통 로칠드'라는 게 있다. 이 와인은 원래 일등급 와인이 아니었다. 하지만 품질에 자신이 있었던 이곳은 아예 '샤또 무통 로칠드 연구소'를 만들어 1923년부터 1973년까지, 그러니까 약 50여 년 동안 매년 자기들이 만든 와인이 일등급이 되기를 요청했다. 그리고 결국 프랑스 대법원은 이를 인정하였단다.(대법원이 와인 등급을 결정하다니, 프랑스에게 와인이란 뭘까 하는 생각을 잠깐 해본다) '50년 대법원 전쟁'을 이긴 샤또 무통 로칠드는 이후 확고하게 일등급으로서의 브랜드를 유지하고 있다.

나는 50년을 이겨낼 수 있는가.
50년이 아니라면 최소 5년, 아니 5개월 만이라도 '나 브랜드 전쟁'에 참전할 준비가 되었는가.

내 이름에 지금 어떤 수식어를 붙일 수 있는지, 붙이고 싶은지를 한번 고민해보라. 그리고 그것을 위해 내가 당장

해야 할 일은 무엇인지 잠깐만이라도 생각해보라. 이왕이면 나의 이름 앞에 긍정적이고 멋진 수식어를 붙일 수 있도록 하자. 혹 이미 자신에게 부정적 수식어가 따르는 것 같다 해도 체념하지 말고 그것을 떼려는 작은 노력부터 시작하라고 권하고 싶다.

'앵그리' 대신 '완전 호감', '버럭쟁이' 대신 '천지개벽 스마일', '신경질' 대신 '친절한' 등의 수식어를 '나브랜드'로 이름 앞에 붙일 수 있기를 기대한다. 한번 일등급이면 영원히 일등급이긴 하지만, 한국은 프랑스만큼 사람들이 박하질 않아서 스스로 변신하려는 노력으로 세상에 나서는 사람을 언제든 받아줄 포용성이 있으니 말이다.

◯ 지금 당장,

친구에게 문자메시지를 보낼 것. '친구야, 내 이름 앞에 어떤 수식어를 붙이면 어울릴 것 같니?' 친구로부터 수신된 대답을 보며 반성할 것!

Me, good SNS & story!

Me, good attitude!

4

18
/

'유리멘탈'인 당신이
김연아를 공부해야 하는 이유

김연아가 가장 먼저 앞장서는
이유는 무엇이었을까?

#김연아의심장은도대체무엇
#진정한대결은경기장밖에서부터시작됨
#아랫배에힘주는것만으로도

문재인 대통령은 2010년 밴쿠버 동계올림픽 때 김연아 선수가 피겨 스케이팅 금메달을 땄던 장면을 자신이 본 스포츠 이벤트 중 최고의 순간으로 꼽았다. 나 역시 마찬가지다. 아직도 기억난다. 점심 무렵쯤, 한 분식집에서 라면에 김밥을 주문해 먹으며 식당 텔레비전에 나오는 김연아의 연기 장면을 봤다. 분식집에 있던 다른 사람들이 정말 숨 하나 제대로 못 쉬고 몇 분간 진행된 김연아의 연기를 지켜보다 완벽한 클린 연기로 마무리를 하자 모두 박수 치던 모습이 아직도 기억에 생생하다.

김연아를 보면 늘 궁금한 게 하나 있다. 도대체 그의 강심장은 어디서 비롯된 것일까. 유튜브에서 '김연아와 아사다 마오 코치의 기싸움'이라고 나오는 동영상은 바로 밴쿠버 올림픽 때의 장면이다.

김연아 바로 앞에서 연기한 아사다 마오의 연기, 나무랄 데 없었다. 연기가 끝나자 함박웃음을 지으며 관중석에 손을 흔드는 아사다 마오, 거기에 손뼉 치고 환호하던 아사다 마오의 코치. 그는 대기 중인 김연아 바로 옆에서 두 주먹을 불끈 쥐고 하늘을 향해 손을 올리고 옆 사람과 포옹을 하고, 아주 난리도 아니었다. 그런데 김연아는 그 모습을 마치 길가의 돌덩이를 보는 듯이 쳐다보며 (슬쩍 웃은 것 같기도 하다) 몸을 풀고, 경기장에 나섰다.

결과는? 모두가 알듯이 역대 최고의 쇼트 프로그램을 펼쳤다. 아사다 마오를 압도하는 연기였고 그만큼의 점수 차이를 냈다. 그는 어떻게 이런 장면에서 그만큼 담대하고 강하며 침착할 수가 있었을까. 타고난 성격도 있겠지만 경기장에 나서기 전에 이미 그만큼의 트레이닝이 돼 있지 않으면 어려운 일이다.

비교조차 불가하던 실력으로 '넘사벽'의 위치에 있던 김연아의 능력 그 자체도 무시무시하지만 나 개인적으로는 '강철 멘탈의 마인드'가 더 강렬하게 다가온다. 김연아의 훈련 동영상을 보고 난 후 나는 그의 강심장이 훈련 현장에서조차 그 누구에게도 선두를 내어주지 않는 그만의 트레이닝 노하우에서 비롯된 게 아닐까 생각했다. 그 동영상을 스케치해보면 대략 이랬다.

경기를 위해 대기 중이던 김연아의 모습이 보인다. 피겨 스케이팅에는 실제 경기에 나서기 전에 몸을 푸는 시간이 주어지는 모양이다. 여러 선수들이 경기장으로 통하는 문

앞에 서 있다. 문득 경기장으로 통하는 문이 열린다. 입장과 동시에 가장 먼저 앞으로 치고 나가는 사람은? 그렇다. 김연아다. 그는 누구보다도 빠르게 사이드를 돌며 질주한다. 마치 피겨 스케이팅이 아니라 스피드 스케이팅을 하러 나온 사람 같다. 속도를 내는 김연아, 다른 선수들과의 간격은 점점 더 벌어지기만 한다. 마치 김연아가 다른 선수들에게 '나를 따르라!' 하는 것만 같다.

이 경기 전 연습장면을 보고 한 기자가 김연아에게 '왜 그렇게 전력 질주하느냐?'고 물어봤단다. 그러자 김연아는 이렇게 말했다. "저는 가장 먼저 링크에 들어서려고 해요. 그리고 누구보다 빨리 링크를 돌려고 합니다."●

이 몸을 푸는 시간에도 서로 간의 눈치작전은 엄청나다고 한다. 실제로 경기 전 연습 중 김연아가 점프하려고 할 때 그 앞에 갑자기 나타나 리듬을 뺏는 방식으로 방해하는 다른 나라 선수들의 모습이 담긴 동영상도 여럿 발견되어 우리 국민들의 분노를 산 바도 있다. 하지만 김연아는 '그깟 것'에는 신경을 쓰지 않는단다. 대신 가장 정직하고 가장 선수다운 방식으로 몸을 푼다. 그 정통적인 방식에 오히려 다른 선수들이 질려버린다는 것이다.

Me, good attitude!

이미 승부는 결정이 난 것이나 다름없다. "김연아가 빙판에 들어서면 공기부터 달라진다"고 했던 한 일본 선수의 말이 무엇인지 알 것만 같다.

여기서 하나를 배운다. '나브랜드'를 만든다는 건 실전에 가서야 챙기고 노력하는 것이 아니라 평소에, 그리고 사전에 모든 것을 세팅한 상태가 되어야 가능하다는 것을 말이다. 김연아는 '시작도 하기 전에' 경기장의 분위기를 모두 가져왔다. 평범하게 넘길 수 있는 연습 하나도 최선을 다했고 또 그만큼 강렬했다. '피겨 스케이팅'이 아니라 '비켜 스케이팅'을 하는 것처럼 질주하는 김연아의 훈련 모습을 보며 당당한 태도가 지니는 힘을 실감한다.

한 전문가는 미인 대회를 준비하는 학생들에게 무대에 등장할 때 김연아의 자세를 따라하라고 얘기한다고 한다. 왜소한 한국인의 체형 특성상 서양 선수들과 있으면 눈길이 잘 가지 않을 수 있는데 김연아 선수를 보면 항상 어깨를 펴고 힘 있게 등장을 해 처음부터 시선이 가게 만드는 매력이 있다는 것이다.

김연아는 자세 하나만으로도 공간을 지배한다. 상대방

을 압도하는 자신의 실력을 드러내기도 전에 승리의 기운을 자기 것으로 가져와 버린다.

당당한 표정과 자세만으로도 신체 호르몬을 변화시켜 실제로도 확신에 찬 행동으로 이어진다는 연구결과가 있다. 한쪽 다리를 벌리고 두 팔을 뻗어 자신감 넘치는 자세를 취한 그룹은 우월감을 느낄 때 주로 분비되는 호르몬인 테스토스테론 수치가 20퍼센트 상승했고 다리를 오므리고 팔을 모으는 소극적인 자세를 취한 그룹은 실험 전보다 이 호르몬이 15퍼센트 감소했다는 것이다.

나의 자세는 어떠한가. 어깨와 허리를 바르게 펴고 있는가. 아랫배와 허리, 허벅지에 힘을 주고 있는가. 바르게 서서 당당함을 상대방에게 보여주고 있는가. 김연아의 동영상을 다시 한 번 살펴봐야겠다. 세상을 향해 당당하게 나설 수 있는 나의 자세를 세팅하지 못한 '나브랜드'는 없을 테니 말이다.

○ 지금 당장,

김연아 선수의 밴쿠버 동계올림픽 쇼트 프로그램(007 메들리) 영상을 찾아보기. 연관 영상으로 뜨는 다른 경기들을 릴레이로 감상하기.

Me, good attitude!

19

/

불러줄 때
답할 것

'노말법칙'(물어보면 노라고 말하지 않는 것)을
기억하라

#손을내밀어주지않는다고기다리지말것
#네맞아요내가바로그사람이라고요!
#꺼진불도다시한번으로성공한취업성공기

〈들꽃〉이라는 영화가 있다. 아무도 손을 내밀어주지 않는 상황에서 세상과 마주해야 했던 가출 소녀들의 이야기를 다룬 영화다. 청소년들에게 사무치는 메시지를 던지고 있지만 영화는 청소년관람불가다. 눈에 보이는, 보이지 않는 지독한 폭력이 가득한 현실에서 위태로운 하루를 버티는 소녀들이 잊지 못할 인상을 남긴다.

이 영화에 나오는 주인공들 중 조수향이라는 배우가 기억난다. 소위 '스타'라고 하기엔 아직 이르지만 나름대로 자신만의 로드맵을 차근차근 밟고 있는 배우다.

그는 〈들꽃〉으로 제 19회 부산국제영화제에서 올해의 배우상을 수상했다. 영화에서의 역할은 굉장히 강렬했는데 한 언론과의 인터뷰에선 자신을 '나의 색깔을 지우고 주어진 배역에 최대한 맞추는' 사람이라며 겸손하게 평가했다. 그는 그 이유를 끼가 많고 다재다능한 또래들의 틈바구니에서 성장한 것을 — 그는 중학교 때 소위 '길거리 캐스팅'으로 시작하여 안양예고를 다녔다고 한다 — 이유로 들었다. 지금도 주변에서 배우로 불러줄 때 "네, 맞아요. 저는 배우예요. 배우 조수향이에요"라고 선뜻 말하지는 못하겠다는 어려움을 이야기했다.*

Me, good attitude!

그의 연기의 팬이 된 관객으로서 '나브랜드' 관점에서 감히 그에게 요청한다면, '얼마든지 그럴 만한 자격이 있으니, 누구보다도 잘하고 있으니, 게다가 세상에 좋은 일도 알게 모르게 많이 하고 있는 분이시니, 기회가 있을 때마다 배우임을 널리 알리셨으면' 하는 바람이다.

누군가 나를 적극적으로 인정해준다면 그것을 받아들이는 것. 노No라고 말하지 않는 것. 나는 이를 '노말법칙'이라고 부르고 싶다. 남을 해치거나 괴롭히는 일을 하는 게 아닌 이상 자신의 일 — 직급, 능력, 명예, 무엇이든 — 에 대해 자부심을 가지는 것이야말로 지치지 않고 나아갈 힘이 된다. 일상을 살아가며 고단한 밥벌이를 하는 스스로에 대한 격려와 위로가 된다.

평생 생활고와 외로움에 시달렸으나 그림에 대한 열정을 포기하지 않은 불굴의 화가 반 고흐는 "확신을 가져라. 아니 확신에 차 있는 것처럼 행동하라. 그러면 차츰 진짜 확신이 생기게 된다"는 말을 남겼다. 자신을 낮추는 데 너무 익숙하거나 스스로의 능력을 확신하지 못하고 있는 당신, 걱정 말고 자신을 세상에 알리는 것에 거침없으시길 바란다.

세상은 자신을 강렬하게 보여주는 사람에게 기회를 준다. 절실함을 적극적으로 표현하는 것만으로 극적인 성과가 나타나기도 한다.

언젠가 '성공'을 키워드로 한 강연 프로그램에서 어느 대학생의 스피치를 보게 되었다. 그는 글로벌 게임회사에 입사하고 싶었다. 마침 한 게임회사에서 열두 명의 인턴을 선발한다고 하여 신청했다. 탈락했다. 그는 인사담당자에게 전화를 한다. 그리고 이렇게 말했다.

"저는 이번 인턴 선발에서 탈락한 ○○○ 입니다. 꼭 선발되고 싶은 회사였는데 아쉽습니다. 혹시 제가 면접에서 탈락한 이유를 말씀해주신다면 다른 회사에 지원할 때 참고하여 꼭 선발되고 싶습니다. 알려주시겠습니까?"

그는 인사담당자로부터 탈락의 이유를 듣게 된다. 특별한 것은 없었지만 미처 자신이 생각하지 못한 지점이 있었다. 다음을 위하여 기억에 넣어두었다. 일주일 후 바로 그 인사담당자로부터 전화가 왔다.

"○○○ 씨, 잘 지내셨어요? 열두 명의 합격생 중 한 분이 갑자기 군 입대 영장이 나와서 결원이 생겼습니다. 지난주에 전화하신 게 기억이 나서 연락드렸어요. 면접을 다시 보신 후 통과가 되면 선발되실 수 있습니다. 어떻게 하시겠습니까?"

이미 면접에서 탈락한 이유를 들은 터였기에 탈락 이유를 보완하여 다시 면접을 봤고 당당히 합격했다. 세상이 이렇다. '굳이 그렇게까지 할 필요가 있을까?'라고 생각하는 순간 우리의 '나브랜드'는 바로 그 지점에서 멈춘다. '이렇게라도 하지 않으면 후회할 것 같아서' 한 걸음 내딛는 순간 눈앞의 풍경이 이전과는 영원히 달라지기도 한다.

지금 내가 원하는 것이 있다면 관심을 두고 총력전에 임하자. 작은 인정과 칭찬도 자부심 있게 받아들이고 적극적으로 활용하자. 우주가 나를 도울지는 확신하지 못하더라도 내가 나를 도울 수 있는 일만큼은 모두 해봐야 하니까.

◯ 지금 당장,

한 번 더 찔러보기. 남녀관계는 빼고.

20
/
프로페셔널의 조건

콘텐츠만 좋으면 된다는
생각부터 버려라

#공짜봉사를정중히거절함
#당신만의견적서를만들어라
#작가의기본은창의력이아니라납기라는거몰랐지

봉사는 세상에 필요한 일이지만 그렇다고 해서 무작정 자신의 가치를 아무 곳에나 '공짜로' 뿌릴 이유는 없다고 생각한다. 작정하고 재능기부를 하는 것이 아니라면, 자신을 돈과 무관한 사람처럼 브랜딩하는 건 위험하다. 잘못하면 당신의 콘텐츠나 기술마저 '싸구려'로 인식 받는다.

나의 가격을 알리는 것은 '나브랜드'를 위해 반드시 챙겨야 할 경제적 습관이다. 나를 필요로 하는 곳이 생겼다면 그곳의 사정을 감안한 후 스스로에 대해 적절한 가치를 매길 줄 알아야 한다.

당신이 직장을 그만두고 1인 기업을 하게 되었다고 해보자. 가장 먼저 필요한 건 무엇일까. 사무실 구하기? 아니다. 회사소개서다. '혼자 일하는데 무슨 회사소개서?'라고 생각한다면 당신은 '나브랜드'를 포기한 사람과 같다.

많은 전문가들은 충고한다. 1인 기업일수록 '하드카피 Hard copy 출력물'로 된 회사소개서가 반드시 있어야 한다고. 고객과 '컨택'하다 보면 고객이 불시에 회사소개서를 요구할 때가 있는데, 이때 "그런 건 없구요…"라고 말하는 순간 상대방으로부터 '프로답지 못한 사람'이라는 평가를 받게 된다.

대기업을 멀쩡하게 다니다 갑자기 그림을 그리는 일러스트레이터로 변신한 분의 강연을 들은 적이 있다. 그는 자신의 강점을 기업체에서 일한 경험이라고 자신 있게 말했다. '회사에 다닐 땐 미술과 관련된 일을 하지 않았다'고 해놓고는 무슨 소리를 하는 거지 하는 의문이 들었다. 계속 들어보니 그럴 듯했다. 자신이 일러스트 업계에서 몇 년째 잘 살아남고 있는 이유로 그는 '납기를 지키는 일러스트레이터'임을 꼽았다.

다른 일러스트레이터들이 납기를 못 맞춰서 절절매고 있을 때 그는 납기 하나만큼은 칼같이 지켰단다. 이는 직장에서의 버릇(!) 때문이었다는 거다.

생각해보면 맞는 말이다. 직장인들이 납기를 못 맞추면 어떤 일이 벌어지는가? 속된 말로 작살나지 않는가! 납기 개념에 익숙했던 그는 일러스트 업계에선 최고의 '납기 맞춤 전문가'가 되었다. '클라이언트의 시간을 지켜주는 작가'라는 브랜드만으로도 쏟아지는 일감을 어떻게 감당해야 할지 모르는 지경에 이르렀단다.

그는 자신이 성공할 수 있었던 요소로 하나를 더 꼽았다. 바로 '견적서'였다. 기업체에서 작가들에게 일러스트를 요청하면서 '가격'을 물어보면 이에 대해 대답하는 걸 그렇게 어려워하는 작가가 한두 명이 아니더란다. 그는? 엑셀로 견적서를 만들어, 나름대로 있어 보이는 직인도 찍어서 기업체 담당자에게 바로 보내주었다고 한다.

남들이 돈 얘기에 대해서 주저주저 망설일 때 깔끔하게 견적서를 보냈던 것이 자신의 성공 비결 혹은 생존 비결이었다고 담담하게 고백했다.

그 얘기를 들으며 '나브랜드'를 한참 고민하던 나는 큰 깨달음을 얻었다. 모르겠다. 당신은 혹시 '무슨 견적서 하나에 감동을 받는다고 난리야?'라고 힐난할지도 모르겠다. 하지만 나는 대답할 수 있다. "그렇다"고.

'나브랜드'는 나 혼자의 생각만으로 만들어지는 게 아니다. 내가 가진 무언가를 누군가 필요로 하고 또 그것을 인정할 때에야 비로소 형성된다. 타인의 인식이 없는 '나브랜드'란 존재할 수 없다. 타인이 '당신의 무엇'을 최고로 여기지 않는 이상 우리의 '나브랜드'는 시장에서 선택되지 않는다.

단지 무엇인가를 사랑하는 것만으로는 아마추어 그 이상이 되긴 힘들다. '당신의 무엇'이 돈으로 지불되는 무엇인가로 세상에 알려지려면, 즉 '프로페셔널'이 되길 원한다면, 예술적 능력 그 이상으로 '납기'와 '견적서'가 중요하다.

참고로 '납기 지키기'와 '견적서 송부'라는 말은 일러스트 업계에선 '흐지부지'였던 일들이었다고 그 일러스트레이터는 말했다. 하지만 그것이야말로 일러스트레이터의 작업을 소비하는 수요자, 예를 들어 기업체의 디자인 담당자나 홍보 담당자 입장에선 '페인 포인트Pain point', 골칫거리였던 셈이다. '멋진 일러스트', '창조적인 일러스트', '분위기 있는 일러스트' 등을 그리기만 하면 저절로 성공할 것이다, 라고 생각하는 일러스트레이터들은 절대로 생각하지 못한 고객의 욕구였다.

내가 어떻게 보이느냐를 디자인하는 주체는 나 자신이다. 이때 나의 수요자, 나의 고객에게 보이는 형식이 내가 갖고 있는 역량보다 훨씬 중요할 수도 있다. 거창하지 않아도 된다. 나름대로 만들어낸 하드카피의 회사소개서, 집 앞 도장가게에서 파긴 했지만 나름대로 회사 직인이 찍힌 견적서 등만 있어도 충분할 수 있다. 그리고 철저하게 지켜내는 납기 준수의 마음이 있다면 예상 외로 당신의 '나브랜드'는 급속도로 성장할지도 모른다.

Me, good attitude!

당신이 지닌 콘텐츠는 그 자체의 퀄리티 이전에 납기 준수와 치밀하게 구성된 견적서 등 작은 형식적 요소들에 의해 인상이 좌우되니 말이다.

○ 지금 당장,

무엇이라도 좋으니 나의 능력을 견적서로 나타내보자. 나의 능력을 얼마에 팔 것인가?

# 21

기본예의를 우습게 여기지 말 것

큰 회사의 룰을 배워 놓으면
인생에서 손해 보지 않는다

#면접의문턱에서탈락하게만든이것
#고루하지만배워놓으면손해보지않는큰회사의법칙들
#그들은순식간에나를판단한다

기왕 형식의 중요성에 대해 말했으니 이야기를 하나 더 들려드리고자 한다. 작은 행동 하나가 사람 전체를 아름답게 미화시킬 수도 있고, 허접한 인간으로 취급되는 빌미를 제공하기도 한다. 이 글을 읽는 독자들이 후자의 경우를 방지했으면 한다.

5~6년 전에 들은 일이고 대학 입시만큼이나 회사 문화도 급변하고 있으니 지금은 이런 일이 있으리라고는 생각하고 싶지 않다는 점을 미리 말씀드린다.

나는 경제학과를 졸업했다. 그래서인지 금융권에 친구들이 많다. 대학 동창회에서 금융권에 근무하는 친구를 만났다. 오랜만의 만남이라 반가웠다. 술 한잔 하고 안주를 집어 먹으며 개인적인 관심사부터 학창시절 추억까지 늘어놓던 중 우연히 젊은 친구들에 대한 얘기가 안주거리가 되었다. 그런데 그 친구가 슬쩍 해줬던 말은 아직도 충격적이다. 인턴사원으로 네 명이 들어왔고 그중의 한 명을 탈락시켜야 하는 면접 과정에서 벌어진 얘기였다.

"네 명 다 괜찮았어. 요즘 친구들이 어디 보통 스펙이야. 게다가 2개월 인턴 과정을 마친 친구들 중 하나를 떨어뜨려야 한다고 생각하니 영 마음이 좋지 않았어. 인턴 기간 중의 평판을 듣던 중이었어. 누군가 한 명이 그러더군. '맞아. 그런데 박×× 씨는 인사를 잘 하지 않던데요?' 속으로 인사 그게 뭐가 중요하지, 라고 생각했지. 그런데 그게 아니었어. 면접을 본 다른 두어 명의 입에서도 마찬가지 얘기가 나온 거야. '생각해보니, 내가 박×× 씨의 인사를 제대로 받아본 적이 없었네?' 그래, 그걸로 끝이었어. 아무것도 아닌 것 같은 인사 하나 제대로 못해서 이 좋은 회사에 입사하지 못한다니 너무 억울하지 않아?"

스펙이 중요한 시대가 있었다. 그 시대도 이미 스토리에 자리를 넘겨주고 있다고 한다. 그런데 우습다. 스토리도 스펙도 대보기 전에 고작 인사라니. 이렇게 말하고 나니 서늘하다. '고작 인사'라고 한 나의 말, 잘못된 것 같다. 인사는 어쩌면 한 사람의 살아온 경험을 모두 통틀어 표현된 바로 지금 이 순간의 스펙이고 스토리일지도 모른다.

인사를 잘한다고 출세를 더 하거나 승진을 더 하는지는 모르겠다. 하지만 그 친구의 얘기를 듣고 인사 하나를 제대로 못한 것이 삶의 중요한 순간에 탈락으로 빠지게 할 수 있음을 알게 되었다. 인사 매너 하나가 '나브랜드'의 선택을 좌우할 수 있음을 깨달은 것이다.

요즘엔 대한민국 기업의 문화도 많이 유연해졌다. 어떤 회사는 출퇴근 시간에 인사를 하지 말라고까지 한다고 했다. 특히 퇴근시간에 하는 인사는 괜히 부하직원의 퇴근길을 막는 부담감으로 작용하기에 그렇다고 한다. 좋다. 나 역시 그런 것을 느끼고 있는 사람이니까. 하지만 그렇다고 해서 모든 회사가 이를 받아들이는 건 아닐 테다. 만약 특별하게 '퇴근길 인사 금지' 규정을 두고 있지 않다면 일반적인 기업이 암묵적으로 요구하는 '그깟 인사' 정도는 잘 해주는 것이 맞지 않을까. 인사를 서투르게 하는 당신을 보고 회사는 당신이 함께 일할 만한 사람인가를 의심할 수도 있으니 말이다. 고루하지만 배워두면 좋은 기업의 '암묵지' 중에서 인정할 만한 건 인정하는 게 낫다.

비슷한 얘기 하나 더 해본다. 언젠가 규모가 큰 회사의 인사담당자를 만나게 되었다. 이런저런 얘기를 하던 중에 직원 교육이 화제로 떠올랐다. 그런데 그분이 한 말이 기억에 남는다.

"입사 10년 차 전후의 과장들을 대상으로 교육을 진행

했어요. 연수원에서 진행되는 3박 4일 교육이었죠. 기본 소양을 중심으로 비즈니스 매너에 대한 교육도 포함되었지요. 마지막 날 수료식이 있었어요. 사장님도 오셔서 격려를 해주시고, 포상도 하고… 거기까진 좋았죠. 강당 건물 앞에서 사장님을 모시고 사진을 찍는 순서였어요. 사장님이 급한 전화를 받게 돼서 교육생들이 빠져나간 강당에 잠시 머무르게 되었죠. 사장님이 통화를 끝내고 나가다가 교육생들이 황급히 나간 책상과 의자 쪽을 문득 보게 되었어요. 한마디 하시더군요. '매너 교육을 받았다고 들었는데… 의자를 책상 밑에 잘 집어넣고 나간 과장들이 거의 없네요.'"

사람들은 예민하다. 안 그런 것 같으면서도 그렇다. 우리가 아무렇지도 않게 행하는 행동 하나를 보고 나를 판단하고, 나의 능력치를 짐작하며, 이 모든 것들을 종합하여 '지 마음대로' 나의 브랜드를 평가한다.

이런 경우는 참으로 많다. 이메일에서 기본적인 성명도 밝히지 않는다거나, 전화를 걸 때 자신의 이름과 소속을 먼저 밝히지 않는다거나 하는 것들 말이다. 그 속에서 세상 사람들은 우리의 지능을, 일을 잘하는가 못하는가를, 호감도를 순식간에 판단해버린다.

Me, good attitude!

물론 이렇게 항변할 수 있다. "사람은 원래 천천히 알아가야 하는 법이야." 하지만 이건 시간 많고 한가한 사람, 이미 모든 것을 갖고 있는 사람의 화법일 뿐이다. 거의 대부분 당신은 순간적으로 보이는 대로 판단될 것이고, 오히려 '이제 더 이상 이 사람과는 말할 기회가 없다', '이 사람의 말을 들을 수 있는 기회는 앞으로 부족할 것이다'는 마음가짐을 갖고 조심하는 편이 안전하다.

　'나를 나 되게 하는', 즉 타인과 명백하게 구별되는 법은 당연해서 지나치기 쉬운 기본 매너를 각별히 챙기는 일부터 시작됨을 잊지 말자.

Q **지금 당장,**

인사를 잘하자.

22

/

그 어렵다는 자영업, 성공의 비밀

내 공간을 특별하게
만드는 건 나 자신이다

#자영업자를무조건존경함
#천일동안사람대신치킨을사랑함
#신발책임지는식당이있다는게실화냐

청년들에게 강연을 할 기회가 생기면 시작할 때 가끔 이런 질문을 한다.

"여러분 중에 부모님이 자영업에 종사하시는 분 있습니까?"

몇몇이 손을 든다. 그들을 보며 나는 이렇게 말한다.

"무조건 존경하셔야 합니다."

나는 오랫동안 영업 부문에서 일을 해오고 있다. 많은 사람들을 만나고 그만큼 다양한 회사들을 알게 되었다. 수천 명의 임직원을 둔 회사도 상대했지만 사장 한 명, 직원 한 명의 초미니 기업들과도 일을 해봤다. 그리고 안다. 얼마나 기업을 존속시키기가 어려운지를.

회사를 운영하는 분들의 노고는 더할 나위 없다. 한 회사가 생존하는 그 과정에 조직의 구성원들에게 월급을 준다는 것이 얼마나 위대한지를 대충이나마 짐작한다. 새롭게 사업자등록을 하여 누군가에게 월급을 주며 고객이 선택해주기만을 기다리는 일만큼 고통스러운 일이 또 있을까.

그 과정에서 생존하고 나름대로의 '나브랜드'를 만들어내는 것만큼 위대한 일이 과연 있을까. 박수를 받아 마땅하다.

언젠가 나 역시 직장이라는 틀을 떠나 홀로서기를 해야 한다. 뉴스에서 흘러나오는 '창업', '폐업' 등의 단어에 나도 모르게 귀가 솔깃한다.

언젠가 한 치킨 프랜차이즈의 가맹점 점주를 하는 분과 이야기를 나눌 기회가 생겼다. 그분은 월급쟁이로서는 한창 때인 사십대 중반의 나이에 회사를 나왔다. 윗사람과의 갈등도 문제였지만 조금이라도 일찍 자신의 사업을 시작하는 것이 길어진 '수명시계'에 적응하는 길이라고 생각했단다. 유명한 프랜차이즈는 아예 생각도 하지 않았다. 로열티가 적고, 인테리어비가 상대적으로 들지 않는, 그런 곳을 찾는 노력을 아끼지 않았다. 그리고 창업을 했다.

그는 벌써 3년 차 프랜차이즈 가맹점 점주다. 3년을 버텼다는 말이 된다. 3년 차라니, 1년 만에 80퍼센트가 망한다는 '프랜차이즈의 저주'를 슬기롭게 이겨나간 것 같아 대단해 보였다. 서울 외곽의 작은 동네지만 나름대로 그 지역에선 '나브랜드'를 잘 형성했다고 스스로 말하는 모습에 자

Me, good attitude!

부심이 가득했다. 부러웠다. 부러움도 잠시, 이름 없는 브랜드를 자신만의 '나브랜드'로 만드는 과정이 얼마나 어려운 것인지를 들으며 나의 창업에 대한 마인드를 되돌아보게 되었다.

그는 이렇게 말했다.

"창업하기 직전의 일이에요. 가게 오픈을 준비하고 있는데 프랜차이즈 본사에서 가맹점 오픈을 도와주시는 팀장님이 방문하셨어요. 그때 그분이 말씀하셨어요. '딱 1000일만 일하고 쉬세요.' 무슨 소리인가 했더니 창업하고 나서 최소 3년간은 일체의 휴일 없이 매달리라는 말이었습니다. 하루라도 쉬겠다는 생각을 하는 순간, 누군가에게 가게를 맡겨놓고 바람이라도 쐬러 갔다 오겠다고 생각하는 순간, 점주인 내가 집에 가져가는 돈은 3분의 1로, 반으로 줄어든다는 거였어요. 잘 버티고 있습니다. 3년째인데 아직 하루도 쉬지 않았거든요."

3년간, 1000일이 넘도록 하루도 쉰 적이 없었다?
이제 우리 스스로에게 질문을 던져볼 때다.

"나는 1000일간 하루도 쉬지 않고 가게에 나가 닭을 튀길 수 있는가?"

사업체를 운영한다는 건 그 규모가 크건 작건 관계없이 위대한 일이다. 자기 사업을 하며 누군가에게 월급을 주는 사람은 무조건 애국자다. 국민에게 해를 끼치는 상품이나 서비스를 판매하지 않는다면 말이다. 그들에겐 저마다 절절한 히스토리가 있다. '1000일간 하루의 휴일도 자신에게 허용하지 않았다'는 프랜차이즈 가맹점 점주의 말은 자신의 공간을 얼마나 사랑하느냐가 성공의 기본조건임을 깨닫게 한 하나의 사례였다.

그는 '내가 할 수 있는 게 고작 이런 일이야? 난 한심한 인간이야!'라고 자책하는 대신 자신을 둘러싼 모든 것과 화해를 할 줄 아는 사람이었다. 작은 공간에서 단순 반복적인 일을 하는 것의 지루함을 이겨낼 줄 아는 사람이었다. 그런 노력이 있었기에 작지만 자신의 지역에서 나름대로 '나브랜드'를 구축할 수 있었고 생존할 수 있었다.

칼국수집으로 돈을 크게 번 한 사장님의 이야기를 들은 것도 이와 비슷하다. 신발을 벗고 방으로 올라가야 하는 그의 식당 신발장 앞에는 이런 문구가 적혀있단다.

> 신발 책임집니다

'신발 책임지지 않습니다'란 건 많이 봤지만 신발을 책임지겠다는 발상은 도대체 어떤 생각에서 시작된 것일까. 그는 말했다. "고객님들이 칼국수 하나 맛있게 드시려고 여기까지 오셨는데 신발까지 신경 쓰게 만들면 그건 가게를 운영하는 사장의 자세가 아니죠."

이 말 한마디만으로 나는 그가 키워낸 칼국수집의 '나브랜드'가 얼마나 강력할지를 충분히 짐작했다. 다른 가게의 주인들이 악착같이 책임지지 않겠다는 하찮고 냄새나는 신발까지 책임지겠다는 식당이라면 거기에서 만드는 음식에 대한 책임감은 더 생각할 필요도 없지 않을까.

'고객가치'란 말이 있다. 거창해 보이지만 어쩌면 생각보다 단순한 개념인지도 모른다. 언젠가 나를 찾아올지 모를 고객을 위해 1000일을 하루도 쉬지 않고 가게 문을 열어놓는 주인의 마음, 어지럽게 놓여 있는 신발들을 보면서

'나를 찾아온 고객들의 신발 정도는 제대로 책임지겠다'는 사장의 마음이 만들어내는 개념인 것이다.

그 마음들이 고객에게 일종의 정보로서 나타나게 되면 바람직한 고객가치로 이어진다.

고객이 원하는 내용의 정보가, 고객이 원하는 시기에, 고객이 원하는 방법으로 제공되어야 비로소 고객가치의 완성에 기여할 수 있다. 식당을 찾아와 돈을 내는 고객의 입장에선 "당신 신발은 당신이 책임지세요"란 말을 듣고 싶지 않다. 고객이 원하는 건 "당신의 (냄새나는) 신발까지도 책임지겠습니다"란 식당의 말이다. 식당 고유의 긍정적인 브랜드에 대한 신뢰는 이렇게 생긴다.

아마 그 사장님도 식당을 하면서 수많은 신발 도난사고, 훼손사고를 겪었을 것이다. 보통 사람이라면 — 나처럼 평범한! — '에이, 더러워서 못해먹겠네!'라고 식당을 접었을지도 모르겠다. 괜히 신발 책임진다고 했다가 속된 말로 '덤탱이 쓰는 건 아닌지' 고민했을 것도 같다. 그는 달랐다. '덤탱이' 쓸 수도 있는 그 신발에 대한 책임을 기꺼이 받아들이며 손님이 안심하고 식사를 즐길 수 있게 하는 데만 마음을 썼다.

물론 칼국수집 사장님은 나름대로의 방법도 강구했다. 자신이 책임져야 할 범위를 받아들이고 그 책임을 지기 위한 방법이었다. 신발장 앞에 서너 개의 CCTV를 설치해놓았고 이후 신발의 도난이나 파손 사고는 거의 없게 된 거였다. 어쨌거나 신발장 앞에 붙여놓은 '신발 책임집니다'란 문구 하나가 식당의 전체적 신뢰를 높여주는 계기가 되었음을 부인할 순 없다.

앞에서 본 치킨 프랜차이즈의 가맹점 점주나 이 칼국수 가게의 주인에겐 공통점이 있었다. 모두 자신이 살아내고 있는 공간을 존중할 줄 아는 사람들이었다.

공간에 대한 존중은 책임감에서 비롯되었으며 그 책임감을 고객의 입장에서 고민하여 보다 나은 솔루션을 찾아냈으며 이는 결국 자신에게 돌아온 신뢰, 즉 매출 확대로서 보답 받게 되었다.

만약 그가 공간의 미묘한 특이성을 파악하지 못한 채 모르쇠나 부정적 대응으로 일관했다면 '다른 식당과 차별화된 그 무엇'을 발견하는 데 실패했을지도 모를 일이다. 그 가게만의 임팩트 있는 스토리는 없었을지도 모른다.

당신의 공간은 지금 어떠한가.
그 공간을 존중하고 있는가.

🔍 **지금 당장,**

내가 지금 돈벌이 하는 공간에서 스스로 생각하는 남과 차별화되는 경쟁력(강점) 세 가지만 적어보기.

Me, good attitude!

Me, good difference!

5

23
/

내 명함에서
회사를 지운다면

남이 만들어 준 명함은
진짜 명함이 아니다

#내가판생애첫명함
#좋아하는것을명함에써넣을것
#단돈몇만원으로시작하는나브랜드무작정따라하기

작은 회사에서 근무한 적이 있다. 정규직 기준 50명 내외의 회사였다. 나름대로 큰 기업들을 대상으로 우리 회사의 서비스를 제안하고 또 유치해야 하는 입장이었는데 회사 이름만으로는 한계가 있음을 느끼고 있었다.

회사의 이름이 커버해주지 못하는 나의 장점을 사람들에게 알려 원활한 제안을 하고 싶은데, 방법이 고민이었다. 그러던 어느 날 시내에 나갔다가 지하상가를 지나는데 명함을 만들어준다는, 그것도 30분 만에 완성된다는 가게 입구의 안내문을 보게 되었다. 100장에 만 원이라고 했다. 그때 왜 그랬을까. 들어갔다. 만들어달라고 했다. 앞뒷면을 모두 사용하면 그 두 배의 가격이며 시간 역시 두 시간 이상 기다려야 한다는 말을 듣긴 했지만 그냥 만들어달라고 했다.

그날 저녁 나는 일생에 첫 번째로 두 개의 명함을 갖게 되었다.

태어나서 처음으로 '나브랜드' 마인드를 갖게 되었다.

단돈 2만 원으로.

그 명함에 나의 별별 개인사를 다 적은 기억이 난다. 앞면에는 당시 다니던 회사의 이름과 부서 그리고 직책 및

이메일과 핸드폰 번호를 적었다. 하는 일도 구체적으로 적었다. 화려한 건 뒷면이었다. 초등학교 때부터 대학교 때까지의 출신 학교를 모두 적은 것은 물론 그동안 거쳤던 회사, 일했던 부서까지 써 넣었다. 그뿐이랴. 당시 관심 있었던 것들을 모두 적었다. 예를 들어 이런 거였다.

취미 : 독서 토론, 맛집 투어, 와인 모임, 살사 댄스, 사회인 야구

웃기지 않은가. 웃겼다. 지금 그 명함은 하나도 남아 있지 않으니 그때의 치기어린 나의 모습을 안 마주치는 것이 다행이라는 생각도 든다. 하지만 딱 하나, 잘했다고 생각하는 게 있다. 나름대로 '나브랜드'에 대해 고민하고 또 실행에 옮기려 노력했다는 점이다.

한 교육업체의 대표님을 만나 그 명함을 드렸는데 그분이 다음 날 나에게 대략 이런 내용의 메일을 써주신 기억도 난다.

"김 대리님이 어제 주신 명함을 퇴근 후 집에 가서 우리 아이들을 불러 모아 보여줬습니다. 그리고 말했습니다. '이분은 자신의 경력을 하나도 헛되이 보내지 않으며 열심히

업그레이드를 시키는 분이다. 평범한 직장인임에도 불구하고 좀 더 나은 자신을 위해 채찍질하는 모습이 명함에 고스란히 보인다. 너희들도 꼭 배웠으면 좋겠다.' 앞으로 김 대리님의 건승을 기원합니다."

명함을 받은 고객들은 대부분 호의적이셨다. 생각해보면 회사의 이름과 부서명, 그리고 연락처만 덩그러니 있는 명함은 별다른 이야깃거리를 만들어내지 못한다. 더군다나 작은 규모의 회사라면 더더욱 그러할 것이다. 하지만 나의 명함은 이야기를 만들어냈다. 무미건조하게 나를 쳐다보던 고객의 눈빛은 흥미로움으로 변했다. 상대가 어떻게 하면 나에 대해, 우리 회사에 대해 좀 더 관심을 갖게 할 수 있을까에 관한 고민이 어느 정도 성과로 나타났다.

명함은 회사가 파주는 것인가? 아니다. 내가 파는 거다. 그냥 주어지는 명함에는 '살아 숨을 쉬는 무언가'가 없다. 심심하며 평범하다. 나를 알리고 내가 하는 일을 알리는 것에는 명함만 한 것이 없음에도 우리는 이 '나브랜드 알림도구'를 무시한다. 아무렇지도 않게 말이다.

한 번쯤은 '나브랜드'를 위한, 나만의 명함을 만들어보기를 권한다. 설령 1년에 한 장을 사용할까 말까라 하더라도 말이다. 당신의 이름밖에 쓸 게 없다 하더라도 직접 만든 명함 한 통은 당신이 늘 그 자리에 머물지 않도록 만드는 원동력으로 작용한다.

당신이 '정말' 좋아하는 일을 적어 넣은, '정말' 즐거워하는 일을 써 넣은, 상대를 위해 '정말' 도움을 줄 무엇인가를 파 넣은 명함을 한 통 만들기 바란다. 그때 '나브랜드'에 대한 깨달음, 혹은 마인드는 저절로 생겨난다.

사업이 개인화되면서 '나브랜드'를 위한 명함의 중요성은 더욱 커지고 있다. 보험 관련 언론사의 한 기자가 수많은 설계사들을 만나는 과정에서 첫인사를 나누고 명함을 주고받으며 느낀 생각을 쓴 기사를 보게 되었다. 다소 긴 인용이지만 꼼꼼히 그의 얘기를 들어볼 필요가 있다.

여러 장의 명함을 갖고 다니는 설계사를 만난 적이 있다. 그는 "고객을 만날 때 첫인상만큼 중요한 것이 명함"이라며 그간 자신이 고객에게 나눠준 명함들을 보여줬다. 그는 때에 따라, 그리고 자신이 달성한 업적에 따라 다양한 형태의 명함을 만들어 고객에게 준다고 했다. 그의 명함 컬렉션(?)을 함께 살펴보니 첫 명함은 지점에서 만들어준 기본형 명함이었다.(중략) 가장 기억에 남는 명함은 향기가 나는 명함이었다. 한 생명보험 회사의 여성 설계사인 그의 첫인상과 잘 어울리는 향이었다. 명함을 코끝에 대자 은은한 향이 났다. 그는 "좋은 향을 맡으면 기분이 좋아진다. 고객에게 좋은 기분을 전하고 싶어서 명함에 향기를 넣었다"고 말했다.●

새로 명함을 만들어야겠다는 생각이 든다. 스트레스 해소 등에 효과가 있다는 피톤치드 향을 가득 넣어서 만들면 어떨까. 나의 명함을 받은 사람이 내가 사라지고 난 후에 명함에 코를 대고 킁킁대게 만들고 싶다. 그냥 버려지는 명함처럼 내가 기억되긴 싫다.

당신도 기회가 된다면, 아니 기회를 만들기 위해서라도, '나브랜드'를 위한 명함 하나 파기를 권한다. 좋은 재질의 명함으로 깔끔하게 하나 만들어도 100장에 몇만 원밖에 — 물론 훨씬 더 저렴하게 제작도 가능하다. 하지만 내 이름이 들어 있는 명함이라면 어느 정도의 고품질은 인정하는 게 자신의 이름에 대한 예의 아닐까? — 하질 않는다.

군이 사업체가 없어도, 현재 어떤 특별한 일을 하지 않아도 관계없다. 당신이 실용음악과에 재학 중인, 가수를 꿈꾸는 대학생이라면 이런 명함 하나 정도 파는 것도 괜찮겠다.

대한민국 가수

김 범 준

핸드폰 : 010-0000-0000
이메일 : XXX@abcdefg.com

앞면은 내가 만들어줬다.

이제 당신이 뒷면 디자인을 해볼 차례다.

◯ 지금 당장,

검색창에 '명함'을 치고 들어가 나오는 곳들 중에 하나를 골라 지금 당장 자기 명함 만들기.

24
/
자뻑을 현실로 만드는 법

'하늘은 스스로 돕는 자를 돕는다'는
진짜다

#나르시시즘은좀있어도됨
#가만있어도팔리는프로세스만들기
#나브랜드를만드는삼단계프로젝트

나 역시 그랬다.

오직 내가 가진 재능과 노력만으로 하루하루를 보내면 분명히 알아주는 사람이 있을 것이라고 생각했으니까. 하지만 아니었다. '누군가를 알아주려고 노력하는 사람'이 세상에는 그리 많지 않았다. 아니 거의 없었다. 그래서 나를 알리기로 결심했다. 내가 감당할 수 있는 선에서 말이다.

필요하면 책을 쓰고, 필요하면 강연을 하며, 필요하면 잡지나 라디오 심지어는 텔레비전 프로그램도 참석하기로 했다. 이 모든 게 즐거워서 나선 것은 아니다. 천성적으로 누군가를 만나는 일에 공포심을 갖는 사람이니까. 하지만 꾸준히 하다 보니 재미도 있었고 또 그만큼 보람도 느꼈다. 나도 모르는 긍정적이고 진취적인 '나브랜드'가 만들어진 건 하나의 선물 같은 것이었다.

내가 노출시키지 않으면 상대방이 노출하는 것에 의지하는 삶을 살기 쉽다. 나를 세상 밖으로 내놓는 이유는 역설적으로 나를 노출해야 하는 노력의 빈도와 강도를 줄이고 싶어서다.

나를 팔려고 늘 고민하는 게 아니라 나를 사게 만드는

프로세스를 만들고 싶다. 그래서 지금 당장 내가 해야 할 일을 찾았던 것이고 나의 이름이 어느 정도 긍정적인 '나 브랜드'로 만들어지기까지 해야 하는 노출에 개의치 않았다. 물론 힘들었다. 원래 외향적이고 원래 사교적이며 원래 액티브한 사람이라면 별 문제가 없겠지만 나처럼 조용한 걸 좋아하고, 혼자 있는 걸 즐겨하는 사람은 쉽지 않은 일이다.

그래서 언젠가부터 필요한 마인드를 스스로 세팅하려 했다. 쉽게 말해 '자뼉 정신'이라고 해야 하나. 어느 정도의 '자뼉'에 익숙해지기로 했던 것이다.

'자뼉'이란 한자의 스스로 '자自'와 강렬한 자극으로 정신을 못 차린다는 의미의 속어인 '뼉'이 합성된 신조어다. 단, 혼자만의 자뼉으론 '나브랜드'를 만들어낼 수가 없음은 물론이다. 밀실에서 "내가 잘났어!"라고 하는 건 독백에 그칠 뿐이다.

마음속에서만 맴도는 '셀프자뼉'을 넘어 '세상 속의 나 브랜드'로 진화하기 위해선 나름대로의 치밀한 계획과 실행계획이 요구된다. 어떻게 해야 할까. 나는 이를 몇 단계로 나눠봤다.

1단계 – '나브랜드'의 (   )를 세우는 단계

(   ) 안에는 무엇이 들어갈까. '목표'다. 내가 얻고자 하는 것을 구체적이고 측정 가능한 형태로 설정하는 것이다. 어느 정도 스스로에게 구속력을 줄 수 있는 목표를 세우는 것이 핵심이다. 가능하면 속물적이고, 가능하면 현실적이며, 가능하면 단기적인 것일수록 좋다. 예를 들면 내가 관심을 갖는 분야의 '책 한 권 분량 원고'를 — '책 한 권'이 아니다! — 쓰겠다고 하는 목표를 세우면 어떨까.

2단계 – '나브랜드'가 구현될 세상의 (   )을 이해하는 단계

(   )에는 '규칙'이 들어가야 한다. '나브랜드'의 목표를 세웠다면 다음으론 그 목표가 벌어지는 세상에 대한 인사이트를 수집하고 또 분석하는 노력이 따라야 한다.

예를 들어 책 한 권 분량의 원고를 쓰겠다고 결심한 당신이라면 어떤 노력을 해야 할까? 책을 쓰는 데 필요한 전문서적을 구입해서 읽어본다? 아니다. 나 같으면 책을 내는 출판사의 입장을 살피기 위해 '출판', '편집' 등의 키워드로 검색하고 또 관련된 책을 읽을 것 같다.(실제로 나는 읽었다) 오프라인 서점에 나가보라. 하루에도 수백 권의 신간이 쏟아진다. 마찬가지다. 출판과 편집 관련 책들을 읽어보면 출판사에는 하루에도 몇 건, 한 달에는 수십 건의 투고가 들어온단다. 그 원고들, 그 책들 속에서 나의 책이 살아남으려면 어떻게 해야 할까? 그것을 공부하는 것이 우선이다.

3단계 – '나브랜드'의 ( ) 요소를 찾는 단계

( )에는 '차별화'가 적당하다. 세상에 대한 지식, 태도, 커뮤니케이션 스킬, 언어 능력, 훈훈한 외모에 이르기까지 '나브랜드'의 성공을 가늠하는 수많은 요인들이 있겠지만, 그 중심에는 타인과 다른 차별화 요소가 무엇인지를 찾아내는 일이 있다.

차별화라고 해서 대단한 것이 아니다. 예를 들어보자. 책을 쓰는 작가로서의 '나브랜드'는 어떤 차별화 요소를 찾아야 할까. 나의 경우엔 '납기 준수'가 핵심이었다. 이게 무슨 소리일까. 〈2단계〉에서 나는 출판과 편집에 대한 책을 수십 권 읽었다. 출판사에서 나의 책을 원고로 내어줄 사람들, 즉 편집자 혹은 기획자의 마음을 알아내는 것을 우선으로 했다. 책을 읽으면서 놀랐다. 그들이 가장 원하는 건 멋진 글, 아름다운 문체가 '우선'이 아니었기 때문이다.

나는 세상의 그 많은 작가들이 납기, 즉 원고 마감에 그렇게 여유로운 줄은 몰랐다. 그것 때문에 편집자들이 얼마나 많은 스트레스를 받고 있는지를 알게 되었다. 그래서 생각했다. 다른 건 몰라도 '납기 하나만큼은 칼같이 지키는' 작가가 되겠다고. 그래서였을까. 다른 건 몰라도 지금 이 시간까지 원고 납기에 늦어본 적은 한 번도 없었다.

이렇게 '나브랜드'의 구체적인 목표를 설정하고, 그 목표를 이루어내기 위해 세상의 규칙을 이해하며, 세상의 규칙 속에서 나를 긍정적으로 알릴 수 있는 차별화 요소를 발견했다면 남는 건 그것들을 잘 실현해보는 일뿐이다.

'나브랜드'의 강점은 칼끝처럼 더욱 날카롭게 연마하되, 약점은 기술적으로 관리하며 나의 스토리를 완성하면 된다. 차분히 '나브랜드' 전략을 고민해보고, 틈틈이 참조해야 할 조언들을 찾아내며 내가 취해야 할 행동을 하나하나 실천에 옮기다 보면, 속된 말로 세상에 먹히는 '나브랜드'가 성큼 눈앞에 와 있을 것이다.

◯ 지금 당장,

5년 후 나의 모습을 딱 1분만 머리에 떠올릴 것. 다음으로 그 모습을 위해 이번주에 내가 할 수 있는 것 두 가지만 적어볼 것.

/ 25 /

픽사의 스토리텔링 22법칙

세상에 나의 이야기를 들려줄
비법은 무엇인가?

#픽사영화는좋은데그영화를위해이렇게힘든스토리텔링이
있는줄은몰랐음
#영어는싫어싫어그러니해석은각자다시
#스토리의신에게배운다

자신만의 이야기를 할 줄 알아야 한다. '내 이야기'는 '나브랜드'의 원천 소스이며 근원이다. 그런데 문제가 있다. 스토리텔링, 즉 이야기를 말할 줄 알아야 한다는데 도대체 무슨 이야기를 어떻게 하라는 말인가. 무언가 모를 땐 잘하는 사람을 찾아서 어떻게 했는지 알아보면 된다.

스토리텔링을 이만큼 고민하는 곳이 또 있을까 싶은 곳이 있다. '픽사 애니메이션 스튜디오 Pixar Animation Studios', 줄여서 '픽사'라고 불리는 회사다.

1995년에 역사상 첫 장편 CG 애니메이션 영화인 〈토이 스토리〉를 시작으로 〈니모를 찾아서〉, 〈겨울왕국〉, 〈인사이드 아웃〉 등은 그 자체로 신화적인 매출을 올렸다. 애니메이션으로 2018년 현재까지 총 열다섯 번의 아카데미상을 받았다.

이곳에서 '스토리보드 아티스트 Storyboard artist'로 일했던 '엠마 코트'라는 사람이 픽사의 감독과 동료들에게 배운 스토리텔링 법칙을 스물두 가지로 정리해 트위터에 올렸다. '나브랜드'에 스토리텔링을 적용하고 싶은 우리들에게 도움이 될 만한 내용이 많기에 길지만 인용해보기로 한다.

(여기서 말하는 '캐릭터'는 '나 자신'으로, '테마'는 '나브랜드'로, '관객'은 '나브랜드를 받아들일 누군가' 등으로 적절히 변형해서 읽으면 도움이 될 것이다. 아, 그리고, 이왕이면 영문에 집중하시길! 한글 번역은 그냥 참고만 하시길!)

#1 You admire a character for trying more than for their successes.
(캐릭터가 결과 자체보다 목표를 향해 노력하는 과정에 집중한다)

#2 You gotta keep in mind what's interesting to you as an audience, not what's fun to do as a writer. They can be v. different.
(재미있는지 없는지의 여부는 관객의 입장에서 생각한다)

#3 Trying for theme is important, but you won't see what the story is actually about till you're at the end of it. Now rewrite.
(테마를 찾으려는 노력은 중요하다. 다시 쓰다 보면 새롭게 잡히기도 한다)

#4 Once upon a time there was ____. Every day, ____. One day ____. Because of that, ____. Because of that, ____. Until finally ____.

(옛날에 ____가 있었다. 매일 ____일이 있었다. 그러던 어느 날 ____가 일어났다. 그건 ____때문이었다. 그래서 ____가 되었다. 결국 ____가 됐다)

#5 Simplify. Focus. Combine characters. Hop over detours. You'll feel like you're losing valuable stuff but it sets you free.

(캐릭터는 단순화하고 집중하며, 합치되 두루뭉술한 건 버려라. 버린다고 하니 대단한 것을 잃는 듯한 생각이 들 수도 있다. 하지만 나중에 생각하면 아무것도 아닐 것이다)

#6 What is your character good at, comfortable with? Throw the polar opposite at them. Challenge them. How do they deal?

(캐릭터의 장점은 무엇인가? 캐릭터는 뭘 편하게 느끼는가? 정반대의 것을 제시하라. 도전하게 하라. 어떻게 다룰 것인가?)

#7   Come up with your ending before you figure out your middle. Seriously. Endings are hard, get yours working up front.
(중반부가 다 가기 전에 끝맺음을 생각하라. 끝을 맺는 건 어렵다. 미리 준비해야 한다)

#8   Finish your story, let go even if it's not perfect.
(완벽하지 않아도 좋으니 일단 어떻게 해서든지 이야기를 끝마쳐라)

#9   When you're stuck, make a list of what WOULDN'T happen next.
(이야기를 만들다 막히면 다음에 절대 일어나지 않을 것들의 리스트를 만든다)

#10   Pull apart the stories you like. What you like in them is a part of you; you've got to recognize it before you can use it.
(평소에 내가 좋아하는 이야기는 잊어야 한다)

Me, good difference!

#11 Putting it on paper lets you start fixing it. If it stays in your head, a perfect idea, you'll never share it with anyone.

(쓰기 시작하면 고칠 부분이 보인다. 완벽한 아이디어라도 머릿속에만 두면 아무도 모른다)

#12 Discount the 1st thing that comes to mind. And the 2nd, 3rd, 4th, 5th – get the obvious out of the way. Surprise yourself.

(머릿속에 가장 먼저 떠오르는 것에 대해 가치를 두지 말라. 두 번째, 세 번째, 네 번째, 다섯 번째도 의심해야 한다. 분명하게 떠오르는 것들을 버리고 당신 스스로도 놀랄 만한 것을 찾아야 한다)

#13 Give your characters opinions. Passive/malleable might seem likable to you as you write, but it's poison to the audience.

(캐릭터들에게 색깔을 입혀라. 수동적이고 유순한 캐릭터는 쓰기 편할지도 모른다. 하지만 관객에겐 독이다)

#14 Why must you tell THIS story? What's the belief burning within you that your story feeds off of? That's the heart of it.
(당신은 왜 이 스토리에 집착하는가? 당신의 내면에서 불타오르는 믿음이 뭔가? 그게 스토리의 핵심이다)

#15 If you were your character, in this situation, how would you feel? Honesty lends credibility to unbelievable situations.
(당신이 캐릭터라면 그 상황에서 어떻게 느낄 것 같은가? 진심은 믿을 수 없는 상황에서도 신뢰를 준다)

#16 What are the stakes? Give us reason to root for the character. What happens if they don't succeed? Stack the odds against.
(캐릭터가 고난에 빠졌을 때 응원하라. 실패하면 무슨 일이 벌어질까? 실패했을 경우도 이야기하라)

#17 No work is ever wasted. If it's not working, let go and move on - it'll come back around to be useful later.

Me, good difference!

(필요 없는 작업은 없다. 잘 들어맞지 않으면 일단 넘어가라. 나중에 유용하게 사용할 때가 있을 것이다)

#18 You have to know yourself: the difference between doing your best & fussing. Story is testing, not refining.
(자기 자신을 알아야 한다. 최선을 다하는 것과 호들갑 떠는 것은 다르다. 스토리는 테스트 과정이다. 세련되게 정제하는 과정이 아니다)

#19 Coincidences to get characters into trouble are great; coincidences to get them out of it are cheating.
(캐릭터를 곤란에 빠지게 하는 사건은 훌륭하다. 캐릭터가 쉽게 그 곤란에서 빠져나오게 하는 우연은 사기다)

#20 Exercise: take the building blocks of a movie you dislike. How d'you rearrange them into what you DO like?
(연습 : 당신이 싫어하는 영화 속 장면을 골라라. 당신이라면 어떻게 고칠 것인가?)

#21 You gotta identify with your situation/characters, can't just write 'cool'. What would make YOU act that way?
(상황과 캐릭터에 이입하라. 그럴듯하게 쓰는 것만으로는 부족하다. 당신이라면 왜 그렇게 행동하겠는가?)

#22 What's the essence of your story? Most economical telling of it? If you know that, you can build out from there.
(이야기하려는 스토리의 핵심은 무엇인가? 가장 간단하게 설명해보라. 거기서부터 시작하라)

솔직히 나에게는 '나브랜드', 스토리텔링보다 영어가 더 어려운 것 같다.

어쨌거나 위의 것들을 '나브랜드'를 점검하는 요소로 활용하시길.

○ 지금 당장,

픽사 스토리텔링의 22개 요소에 당신의 '나브랜드'를 적용시켜보라. 지루하더라도 한 번쯤 해볼 만하다.

26

/

'나브랜드' 매니지먼트

내가 가장 좋아하는 것을
돈으로 연결시키려면

#사진한장찍고천만원을받는다니실화냐
#나의일에서의미를발견하지못하면그건나의일이아니다
#나브랜드는매니지가필요한끈질긴과정

인스타그램용 사진 한 장에 1,000만 원을 받는 사람들이 있다. 바로 '잭 모리스'와 '로렌 불렌'이라는 사람들이다.

한 여행지에서 우연히 만나 연인이 된 그들은 여행 사진을 찍어 인스타그램에 공개했고 여행지를 아름답게 담은 그 사진들이 유명세를 타기 시작했다. 두 사람 모두 막강한 인스타그램 스타가 되어, 2018년 8월 기준으로 잭 모리스는 약 280만 명, 로렌 불렌은 약 210만 명의 팔로워를 기록하고 있다. 수많은 브랜드와 여행사가 협찬 러브콜을 보내는 건 물론이고 사진 한 장을 포스팅하는 데 1만 달러가 넘는 돈을 받기도 한다.

이 커플은 다른 일은 하지 않고 이 순간에도 전 세계를 여행하며 인스타그램에 올리는 사진으로 돈을 벌고 있다.

부럽다. 진심으로. 나처럼 '부럽다'만 연발하는 사람들의 마음을 알았던 것일까. 잭 모리스는 블로그를 통해 '유명한 인스타그래머가 되는 비법'을 공개했다.

아래는 그중 몇 가지를 추린 것이다. 그리고 나름대로 '나브랜드' 관점에서 해석을 했으니 참고하시길.

- **돈을 준다고 해도 협찬을 가려서 받아야 한다.**

여러 브랜드와 여행 기업이 상품과 여행지를 알리기 위해 나에게 돈을 준다. 단, 나는 오직 내가 정말 좋아하는 것들만 알리고 포스팅한다. 내 사진들이 많은 사람에게 울림을 주는 이유가 바로 그거다.

☞ '나브랜드' 관점에서 해석하기 : '나브랜드'의 대상이 되는 것을 나는 정말 좋아하고 있는가?

- **같은 룩의 사진으로 편집한다.**

모든 사진을 맥북프로를 이용해 나만의 '라이트룸' 설정으로 편집한다. 모든 사진이 비슷한 색감을 갖는 이유가 그거다. 여러분도 각자의 사진 스타일을 가져야 한다. 나는 다른 사진 편집 어플이나 필터는 쓰지 않는다.

☞ '나브랜드' 관점에서 해석하기 : '나브랜드'는 일관성 있는 끈질긴 과정이다. 이것저것 하다간 아무것도 안 된다.

- **사람들로 붐비는 곳에서 사진을 찍을 때는 붐비지 않는 시간대를 선택한다.**

우리가 좋아하는 시간대는 일출 한 시간 후다. 이 시간대에는 붐비는 장소들도 그리 분주하지 않다.

☞ '나브랜드' 관점에서 해석하기 : '나브랜드'는 나의 시간에 물을 주는 노력의 과정이다.

- **우리는 삼각대와 타이머를 사용한다.**
우리 둘의 사진을 찍을 때는 삼각대와 타이머를 사용한다. 우리의 사진을 찍어주는 사람이 따로 있는 건 아니다.

☞ '나브랜드' 관점에서 해석하기 : '나브랜드'는 온전히 나의 책임 하에 만들어진다. 누가 대신해주지 못한다.

- **당신 같은 사람이 되려고 할 때 필요한 세 가지가 있다면?**
열정, 독창성, 그리고 인내심•

☞ '나브랜드' 관점에서 해석하기 : 열정! 독창성! 인내심! 그중에 제일은 인내심이 아닐까?

뻔한 답변인 것 같아 허탈하기 하다. 다른 한편으론 '비법 아닌 비법'이야말로 '나브랜드'의 핵심이 아닐까 하는

Me, good difference!

생각을 하게 된다.

예를 들어보자. 열정? 있어야 하지 않은가. 독창성? 그건 나 자신이 이미 품고 있는 그 무엇이다. 인내심 역시 우리에게 필요하다. 세상의 유행보다는 자신의 본질을 탐구하는 걸 게을리하지 않고 정말 좋아하는 일을 찾아 끈질기게 추구해야 '나브랜드'가 만들어진다는 걸 그들은 간접적으로 말해주고 있었다.

네이버 녹색창을 디자인하고 글래드호텔, 〈매거진 B〉를 론칭하는 등 크리에이티브로 주목받는 조수용 카카오 대표 역시 '브랜드를 만드는 일은 나 자신 속으로 깊이 들어가는 일'이라고 말한다.

예를 들어 카페를 창업한다, 그리고 뭔가 차별화를 하고 싶다 할 때, 자주 저지르는 실수가 '요즘 핫한 게 뭐지', '사람들이 좋아하는 드립 방식이 뭐더라' 등을 생각하는 것이란다. 차별화를 위해서는 남들이 아니라 자신한테 물어볼 줄 알아야 한다.

'내가 어떤 카페를 진짜 좋아하는데 이유가 뭘까', '나는 카페에 언제 가더라? 그때 기분은 뭐였지', '메뉴판이 어때서 좋았지', '음악이 없어서 주변 소리가 잘 들렸어', '누구와 자주 같이 갔지' 등 자신이 좋아했던 순간을 집요하게 파고들어가서, 구체적으로 정리한 다음 뺄 것을 과감히 빼고 나면 남다른 오리지널리티가 생긴다는 이야기였다.*

잭 모리스와 로렌 불렌의 경우도 자신들이 가장 좋아하는 하루의 순간, 가장 예쁘다고 느낀 필터와 룩을 파악했고, 일관성 있게 고집했기 때문에 인스타그램 홍수 속에서도 선택되는 '나브랜드'로 우뚝 설 수 있었던 것이다.

결국 좋아하는 일을 돈으로 연결시킨다는 건 좋아하는 일을 더 깊이, 더 집요하게 좋아하는 것에서 시작한다. 나의 시간을 정리해보고, 나의 공간을 정비하며, 내 고유한 경험을 재구성하는 끈질긴 노력이 '나브랜드'의 지속 가능한 성장을 보장해줄 것임을 기억하자.

Q 지금 당장,

동네 카페나 서점 등 내가 좋아하는 공간에 가보기. 그리고 그곳의 좋아하는 점을 구체적으로 적어보기. 단, 커피 한 잔, 책 한 권 정도는 살 것.

Me, good difference!

27

/

언더독의
힘

세상을 내 편으로 만드는
단 하나의 비밀

#크로아티아가프랑스이기는데만원걸었는데아쉽
#언더독이탑독만큼노력하지않으면일생내내언더
#고단한과정은무시한채누군가의성과에만침흘리기없기

2018년 월드컵은 프랑스의 우승으로 끝났다. 사상 최초로 월드컵 결승에 오른 크로아티아의 손에 월드컵은 쥐어지지 않았다. 하지만 나는 그들에게 박수를 보낸다. 그들은 '언더독의 반란'을 제대로 보여줬다.

'언더독Underdog'이란 스포츠에서 이길 확률이 적은 팀이나 선수를 일컫는 말이다. '언더독 효과'란 말도 있다. 약세 후보가 유권자들의 동정을 받아 지지도가 올라가는 경향으로서, 개싸움에서 '밑에 깔린 개'가 이겨주기를 바라는 것처럼 경쟁에서 뒤지는 사람에게 동정표가 몰리는 현상을 말한다.

사실 프랑스와 크로아티아는 대부분 선수들의 개인능력은 물론 명성에서도 차이가 있었다. 그럼에도 크로아티아 선수들이 받은 갈채는 언더독이 최선을 다하고 또 작은 성과를 하나씩 이루어나갈 때 얼마든지 매력을 발휘할 수 있음을 깨닫게 했다.

나에겐 프랑스가 4대2로 앞서던 후반 30분 이후의 시간이 감동적이었다. 그들은 포기하지 않았다. 공에 대한 집념이 소름끼칠 정도로 화면 속에서 느껴졌다. 휘슬이 끝날 때까지 골키퍼에게 대쉬하는 크로아티아 선수들의 모습은 월드컵 우승자인 프랑스 못지않은 환호를 받을 만한 자격이 있어 보였다.

나는 언더독 크로아티아의 반란을 기원했다. 나의 조국 대한민국도 아닌데 말이다. 그건 언더독이 최선을 다할 때 사람들이 얼마나 매료될 수 있는지를 보여주는 하나의 사례와도 같았다. 사실 2018년 러시아 월드컵에서 크로아티아에 비견될 만한 언더독은 다름 아닌 대한민국이었다. 물론 독일과의 마지막 게임에 한해서지만 말이다.

나와 당신은 모두 여전히 세상에서 봤을 땐 그리 존재감이 크지 않은, 어쩌면 세상을 이끌어 나가기보다는 세상에 이끌려 다니는 언더독과 같은 사람들이다. 하지만 언더독이 언더독의 모습에 머무르려 하지 않고 '탑독Top dog'이 되기 위해 노력하고 또 작은 성과를 악착같이 만들어내는 모습에 사람들은 열광한다.

그래서일까 실제로 언더독은 많은 미국 영화의 주제다. 별로 이길 것 같지 않은 불운한 사람이나 팀이 이기는 것을 미국은 무진장 좋아한단다. 왜 그럴까. 대중은 약자에게서 동병상련을 느끼기 때문이다. 구약성서 사무엘상 제17장에 나오는, 우리가 익히 알고 있는 언더독 다윗이 골리

앗과의 결투에서 거두는 승리에 쾌감을 느끼는 것도 아마 같은 맥락일 테다.

하지만 그냥 가만히 있는 언더독을 사람들이 응원하는 건 아니다. 언더독에게는 탑독을 능가하는 노력이 — 여기서 또 '노오력'이 나왔다고 비아냥거리지 마시길! — 필요할 수밖에 없다. 물론 탑독이 언더독을 지배하는 환경과 시스템에 대해 불만을 갖는 건 당연하다. 하지만 거기서 의지와 행동을 단념한다면 언더독은 언제까지나 언더다. 탑독이 오히려 더한 노력을 하는 모습을 보면서 스스로 반성하고 성찰할 수 있어야 한다.

예를 들어보자. 영화배우의 연기 몰입은 때론 자학처럼 보일 만큼 가혹하다는 말이 있다. '메소드 연기Method acting'란 단어는 그 자체로 무시무시하다. 이 단어는 '배역에 생각과 감정을 완전히 몰입해 실제 인물이 된 듯 연기하는 기법'을 이르는 말이다.

영화 〈택시 드라이버〉, 〈성난 황소〉 등에서 살인적 감량과 증량을 반복했던 미국 배우 로버트 드 니로가 대표적으로 메소드 연기의 대가라고 알려졌다. 외국 배우뿐일까. 한국의 배우들도 메소드 연기에 일가견이 있는 분들이 꽤 된다. 그들은 말한다.

"영혼도 감량할 수 있다."

영화 〈독전〉에서 마약 조직 보스를 뒤쫓는 형사 역을 맡은 조진웅은 하루에 달걀흰자 두 개만 먹는 식단으로 한달에 10킬로그램을 감량했다. 또한 마약 흡입 연기를 위해 소금과 분필 가루를 섞어 코로 들이마시는 일도 마다하지 않아 눈에 핏발이 설 정도였다고 한다.

배우 박정민은 영화 〈그것만이 내 세상〉에서 자폐증의 일종인 서번트 증후군을 앓는 천재 피아니스트를 연기했는데, 이 영화를 찍기 전까지 피아노를 단 한 번도 쳐본 적이 없었다. 그는 6개월간 다섯 시간씩, 단 하루도 빠짐없이 연습했고 영화 속 쇼팽과 차이콥스키 연주곡을 틀리지 않고 건반을 짚어내는 데 이르렀다. 손 대역 없이 모든 곡을 소화했음은 물론이다.*

나, 오디션 없이 영화배우 주연으로 캐스팅해준다고 해도 거절할 것 같다. 소금과 분필 가루를 섞어 코로 들이마신다고? 주어진 기간 내 극한 다이어트를 한다고? 만져본 적도 없는 피아노를 반년간 밤낮없이 연습한다고? 나는 포기다. 하지만 그들은 달랐다. 달랐기에 영화배우로서의 '나 브랜드'를 확고히 했음은 물론이다.

미국 배우 니컬러스 케이지는 "메소드 연기와 정신분열은 종이 한 장 차이"라고 말했다는데 솔직히 나는 '정신분열'의 경계에 다가서면서까지 연기를 하지는 못할 것 같다는 생각을 해본다. 그만큼 '나브랜드'는 이루어내기 힘든 일이다. 하지만 그들은 했다. 게다가 그들은 이미 탑독의 위치에 있음에도 언더독이 해야 할 미션까지 악착같이 수행했다.

반성한다. 하지 못한다고 말하기 전에 세상의 수많은 '나 브랜드'들이 어떻게 만들어졌는지를 단 한 번이라도 생각한 적이 있었는지. 그리고 그들의 노력은 무시하고 오로지 그들이 얻어낸 성과에만 침을 흘리고 있었던 것은 아닌지.

○ 지금 당장,

영화 한 편 보러 가시길. 단, '연기와 정신분열의 경계'에 있을 만큼 헌신한 배우의 노력을 생각할 것!

에필로그

"영미!"
이젠 "Good Me!"

#나브랜드는'나의아름다움'을찾아내는것
#생각을트레이닝하는재미
#지금이순간에천퍼센트충실하기

'나브랜드'는 그냥 만들어지지 않는다. 당연한 말 같지만 결국 부지런함이 '나를 선택해야 하는 이유'를 만들어내는 제 1의 덕목이다.

지나간 일이지만 평창 올림픽 여자 컬링 대표팀을 상징하는 말이었던 '영미'를 미국 사람들은 'Young me'라고 들어서 '왜 자꾸 자신들이 젊다고 말하는 걸까?'라고 받아들였다는 우스개가 있는데 이 '영미'라는 단어 역시 결국 부지런하게 — 의도된 바는 아니겠지만 — 반복된 "영미!"

라는 말이 사람들의 흥미를 끌게 되었고 그 결과 만들어진 '여자컬링국가대표팀의브랜드'였다. 우리의 '나브랜드'도 마찬가지다. 열심히 나를 세상에 외칠 수 있어야 한다.

'나브랜드'는 그동안 잊었던 나를 찾아내는 과정이다. 내가 평소에 어떤 생각을 하며 어떻게 일상의 시간을 보내고 있는지 살펴보는 것으로부터 비롯된다.

대단한 것일 필요도 없으며, 이미 늦은 것 같다고 한탄할 필요도 없다. 나름대로 '나브랜드'를 만들어낸 나의 경험을 근거로 말해본다면 나이 마흔이 넘어서 시작했어도, 내가 가장 못했던 말 한마디를 개선하려는 작은 노력에서 시작한 것만으로도 전혀 문제가 될 게 없었다.

얼마든지 나를 만들어낼 수 있는 방법은 세상에 많으며, 그것을 이룰 수 있는 시간도 지나칠 정도로 많으면 많았지 절대 부족하지 않다.

단, 바빠져야 한다. 부지런하지 않았음에도 저절로 생기는 '나브랜드'는 '금수저를 입에 물고 나온 재벌 3세'밖에 없다. 요즘엔 그들도 '나브랜드'를 잘못 세상에 보이면서 곤혹을 겪는 경우가 한두 번이 아니니 정도의 차이만 있을 뿐 자신을 위한 '나브랜드'에 대해 고민해야 하는 건 그 누구도 예외가 없다고 말해도 되겠다.

바빠진다는 건 세상을 여기저기 뛰어다닌다는 말만은 아니다. 생각이 바빠져야 한다. 일상의 순간들을 그냥 흘려보내지 말고 '나브랜드'라는 키워드를 마음 한복판에 깊이 새겨놓고 늘 생각할 줄 알아야 한다.

'오늘 어떻게 나를 표현하지?', '나는 내일 어떤 모습으로 세상에 보이고 싶은 걸까?' 등의 생각이 생활을 지배해야 한다.

그래서 '나브랜드'를 생각하는 사람은 일상을 헛되이 보내지 않는다. 매 순간이 소중하다. 우리는 일상을 어떻게 보내고 있는가. 내가 먼저 고백해야겠다. 지금이야 많이 나아졌지만 예전, 그러니까 '나브랜드'에 대해 아무런 생각이 없을 때는 일상 자체가 엉망이었다. 흘러가는 시간을 흘러가도록 내버려두는 게 나의 모습이었다.

회사에 가선 퇴근시간이 오기를 기대했고, 집에선 TV를 붙잡고 하루가 가기를 기다렸다. 빨리 나이가 들고 싶었고, 모든 게 대충 흘러가기만 바랄 뿐이었다. 삶을 잘 살아내기 위한 상상은 할 생각도 못했다. 그래서 늘 그 모양이었다.

하지만 이젠 달라졌다. '나브랜드'를 만들기 위해서 순간마다 최선을 다하려고 노력한다. 회사에선 인정받는 직장인이 되길 바라기에 성과를 모든 것의 초점에 둔다. 집에선 좋은 남편이 되기 위해 아내의 의견에 귀를 기울이려 노력한다. 아이들에겐 좋은 아빠가 되기 위해서 잘 듣고 알아주며 그들이 좋아하는 것을 함께해주려 한다.

책을 쓸 땐 편집자의 의도를 파악하기 위해 총력전을 펴며, 누군가의 요청으로 강연이라도 하게 될 땐 어떻게 해서든지 청중에게 괜찮은 시간이 될 수 있도록 집중한다. 이를 통해 나의 '나브랜드'를 정리해봤다.

– 나, 김범준의 '나브랜드' –

'화려하진 않지만 자신의 자리에서 성과를 내는 직장인'
'다정하진 못하지만 책임을 다하려는 남편'
'잔소리는 하지만 그래도 필요할 땐 내 편이 되어주는 아빠'
'다른 건 몰라도 납기 하나는 끝내주게 지키는 저자'
'거칠긴 하지만 청중의 만족도를 평가하면 늘 상위 2퍼센트 이내에 드는 강사'

"에게? 고작 그게 당신의 '나브랜드'입니까?"라며 당신은 물어볼지 모르겠다. 얼핏 보면 별거 아닌 것 같이 보일 테니까. 하지만 나에겐 그 무엇보다 소중한 '나브랜드'다. 나는 이것들을 모두 잘 해내려고 늘 고민한다.

이런 나의 노력들이 당신에게 그렇게 '아무것도 아닌 것'처럼 보이길 바란다. 만만해 보이고 할 만해 보여서 당신이 더 멋진 목표를 향해 달려가는 힘이 되었으면 좋겠다. 그래서 결국 당신만의 — 나의 그것과는 비교할 수도 없을 만큼 엄청난 — '나브랜드'를 세상에 보여주기를 기원한다.

🔍 **마지막으로 지금 당장,**

내가 내세울 수 있는 것 중 '가장 작은 그 무엇' 하나만 찾아내자. 찾았다면 주저 말고 세상에 나타내보자!

인용출처

p.37	이유지, "[DD프리즘] 웹 성능 최적화 "이젠 '3초의 법칙'도 허문다", 〈디지털데일리〉, 2014년 11월 11일자.
pp.86-87	양지혜, "호날두 집들이엔 가지마라… 물과 샐러드, 닭가슴살 뿐이다", 〈조선일보〉, 2018년 6월 22일자.
p.97	강신재, 《젊은 느티나무》, 문학과지성사, 2007.
pp.104-105	박수호·나건웅, "인플루언서가 광고판 흔든다 ㅣ 연예인·CF모델 시대 넘어 마이크로 인플루언서 뜬다", 〈매경이코노미〉, 2018년 5월 4일자.
p.141	"김연아가 매번 '1등'으로 링크 입장하는 '존경스러운' 이유", 〈중앙일보〉, 2017년 8월 11일자.
p.145	김시균, "배우 조수향 '제 연기의 원천은 '내적 결핍' 같아요'", 〈매일경제〉, 2018년 3월 14일자.
pp.176-177	정다혜, "설계사의 명함 이모저모", 〈한국보험신문〉, 2013년 10월 7일자.
pp.187-193	Emma Coats, https://twitter.com/lawnrocket
pp.196-197	강병진, "인스타그램 사진 1장당 1천만원을 버는 커플이 밝힌 비법 6가지", 〈허핑턴포스트코리아〉, 2017년 4월 5일자.
pp.198-199	김지수, "[김지수의 인터스텔라] '남의 아이디어만 듣는 건 최악, 자기 경험 극대화하라' 카카오 부사장 된 무경계 디자이너 조수용", 〈조선비즈〉, 2016년 10월 29일자.
p.204	이태훈·송혜진, "'메소드 연기' 위해서라면… 영혼도 감량할 수 있다", 〈조선일보〉, 2018년 6월 25일자.

† 이 책에 사용된 인용문은 저작권자의 게재 허락을 받았으나 저작권자와 도저히 연락이 되지 못한 일부 인용문에 대해서는 출판사로 연락주시면 대가를 지불할 예정입니다.

픽미
나를 선택하게 하는 비밀습관

초판 1쇄 인쇄일 2018년 09월 11일
초판 1쇄 발행일 2018년 09월 14일

지은이	김범준		
발행인	이승용		
주간	이미숙		
편집기획부	송혜선 박지영 양남휘	**디자인팀**	황아영 한혜주
마케팅부	송영우 김태운	**홍보마케팅팀**	조은주 전소현
경영지원팀	이루다 김미소		

발행처 |주|홍익출판사
출판등록번호 제1-568호
출판등록 1987년 12월 1일
주소 [04043]서울 마포구 양화로 78-20(서교동 395-163)
대표전화 02-323-0421 **팩스** 02-337-0569
메일 editor@hongikbooks.com
홈페이지 www.hongikbooks.com

제작처 정민문화사

파본은 본사나 구입하신 서점에서 교환하여 드립니다.
이 책의 내용은 저작권법의 보호를 받는 저작물이므로 무단 전재와 무단 복제를 금합니다.

ISBN 978-89-7065-654-0 (03190)

이 도서의 국립중앙도서관 출판예정도서목록(CIP)은
서지정보유통지원시스템 홈페이지(http://seoji.nl.go.kr)와
국가자료공동목록시스템(http://www.nl.go.kr/kolisnet)에서 이용하실 수 있습니다.
(CIP제어번호: CIP2018028785)